7
W0019201
978-288-452-1963

Willkommen in Mailand

Besucher der geschäftigen, aber lebensfrohen Metropole dürfen sich auf die neuesten Modetrends, kulturelle Highlights und die Liebe der Mailänder zum Genuss freuen.

»Nach Mailand geht man, um Geschäfte zu machen, zum Leben in die Toskana«, sagen Italiener. Das Image eines Sehnsuchtsorts wie Florenz oder die ewige Stadt Rom kann die Metropole wahrlich nicht vorweisen, dagegen stemmt sich schon die geografische Lage in der gleichförmigen Ebene und das Wetter mit häufig dichtem Nebel.

Mode, Design, Wirtschaft und die Börse – dafür steht Mailand in der Öffentlichkeit. Aber wie ist die Stadt eigentlich wirklich? »Milan l'è Milan« (Mailand ist Mailand), diese alte mailändische Redensart, ist vielleicht die einzige passende Antwort. Mailand ist eine vielseitige

Stadt, die immer in Bewegung ist. Durch die Vielfalt der Bevölkerung, die nicht nur aus allen Regionen Italiens stammt, sondern aus der ganzen Welt, bringt die Stadt kontinuierlich Kulturen und Subkulturen hervor, erfindet stetig Neues, Inspirierendes – und überrascht so oft ihre Besucher.

Alte Kirchen und moderne Kunst

Die 2000-jährige Geschichte der Stadt hat Zeugnisse aus allen Epochen hinterlassen, von den Römern, als Mailand Mediolanum hieß, über das bedeutendste gotische Bauwerk Italiens, den Mailänder Dom, bis zu

◄ Die Arkaden an der Piazza Filippo
Meda laden zum Bummeln ein.

Unterwegs in Mailand 64

Spaziergänge und Ausflüge 100

Wissenswertes über Mailand 112

Karten und Pläne

◄ Die Fassade des Mailänder Doms
(► MERIAN TopTen, S. 75)

den Palazzi der Adeligen, wie jenen von Gian G. Poldi Pezzoli, dessen Kunstsammlung heute ein Museum ist. Kunst ist eine der Hauptattraktionen der Stadt, Interessierte und Kenner reisen aus ganz Italien nach Mailand, um sich eine der hochkarätigen Ausstellungen anzusehen.

Haute Couture, Design und Kultur

Ob Stilettos oder die neue Rocklänge, in der Mode hat die Welt alles zuerst in Mailand auf den Laufstegen gesehen. Designerlampen aus Mailand sind europaweit gefragt und die Wechselausstellungen zu Kunst- und Design-Themen im Triennale Design Museum sind für viele Kreativschaffende ein Muss.

Das Kulturprogramm ist wieder ein Grund für sich, die Metropole zu besuchen. Ein Opernbesuch in der legendären Scala? Oder zu einem Jazzkonzert ins Blue Note? Vielleicht aber auch lieber in einem Underground-Club die neuesten Indie-Trends entdecken? In Mailand werden verschiedenste Musikgeschmäcker bedient.

Genuss und Erholung

Doch bei aller Geschäftigkeit hat kulinarischer Genuss bei den Mailändern einen hohen Stellenwert. Hier gibt es sogar ein vegetarisches Sternelokal. Gastronomisch ist von Argentinien bis Japan die ganze Welt vertreten. Ebenso wie die traditionellen »osterie« mit den deftigen Mittagsmenüs stets gut besucht sind, geht es abends zum »aperitivo«, um in geselliger Runde einen Cocktail zu schlürfen.

Adressen in der Stadt, die Entspannung bieten, gibt es ebenfalls genug: An den Kanälen, den »navigli«, einst die historischen Transportwege der Region, hat sich inzwischen die beliebteste Ausgehszene etabliert. Viele Grünflächen bieten die Gelegenheit, vom großstädtischen Trubel eine Auszeit zu nehmen und durchzuatmen. Die größte Grünanlage, der Parco Sempione, hält eine Überraschung bereit: Die Torre Branca mutet zwar eher wie ein Hochspannungsmast als ein Aussichtsturm an, doch nach abenteuerlicher Fahrt mit dem Aufzug auf 109 m liegt dem Besucher Mailand zu Füßen!

Ebenso unerwartet: ein kleiner Bauernhof in der Nähe der Porta Romana. Die Cascina Cuccagna aus dem späten 17. Jh. ist inzwischen vollständig restauriert. Hier wird Gemüse ökologisch angebaut, das der Besucher gleich in der Hof-Trattoria kosten kann.

Ultramoderne Architektur und Expo

Das definitive Kontrastprogramm zur grünen Idylle bietet ein Spaziergang durch das Neubauviertel Porta Nuova, das pünktlich zur Expo 2015 fertiggestellt wurde. Im Rahmen des größten innerstädtischen Bauvorhabens Europas ist die neue Skyline Mailands entstanden: Die aus Glas und Stahl errichtete Bankzentrale UniCredit Tower ist das derzeit höchste Gebäude Italiens, die Piazza Gae Aulenti das neue futuristische Architekturhighlight, und der Bosco Verticale, der »senkrechte Wald«, ein Nachhaltigkeitsprojekt, das den Hochhauspreis 2014 gewonnen hat. Wieder eine Überraschung: ein neues Mailand der Superlative.

2

MERIAN TopTen

MERIAN zeigt Ihnen die Höhepunkte der Stadt: Das sollten Sie sich bei Ihrem Besuch in Mailand nicht entgehen lassen.

Viele Highlights, vom grandiosen Mailänder Dom über das »Goldene Viereck der Mode« bis zur »Scala«, erlebt man bei einem Rundgang durchs Zentrum. Zum Pflichtprogramm gehören natürlich auch ein Besuch in der Pinacoteca Brera, Italiens bedeutendster Kunstsammlung, ein Blick auf Leonardo da Vincis »Abendmahl« und ein Bummel entlang den Ka-

nälen – gekrönt von einem Cocktail in einer angesagten Bar.

MERIAN TopTen 360°

Damit Sie sich vor Ort schneller orientieren können, finden Sie zu ausgewählten MERIAN TopTen auf den folgenden Seiten Umgebungskarten mit Restaurant-, Einkaufsempfehlungen und Tipps für weitere Sehenswürdigkeiten.

Peck
1 Vino, Pasta und Co. – italienische Top-Gastronomie (▸ S. 45).

Castello Sforzesco
2 Die stolze Festung ist ein riesiges Bollwerk mitten in der Stadt (▸ S. 71).

»Il Cenacolo« (»Das Abendmahl«)
3 Das größte Werk Leonardo da Vincis gehört zum Weltkulturerbe der UNESCO (▸ S. 72).

Cimitero Monumentale
4 Ein Friedhof mit Tempeln, Kapellen und Skulpturen (▸ S. 73).

Duomo Santa Maria Nascente
5 Dem monumentalen Bau kann man sogar aufs Dach steigen (▸ S. 75).

Galleria Vittorio Emanuele II
6 Die exklusive Einkaufspassage mit Marmorboden aus Mosaiken ist ein architektonischer Geniestreich (▸ S. 76).

Navigli
7 An den Kanälen, im Mittelalter wichtige Transportwege, liegt heute das Ausgehviertel (▸ S. 78).

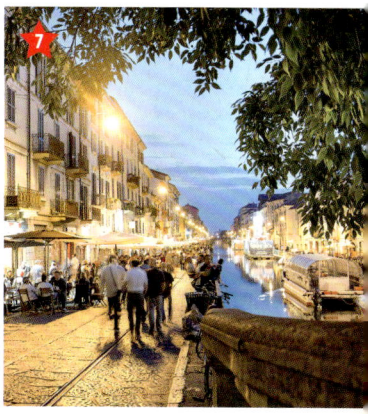

Teatro alla Scala
8 Außen schlicht, innen bombastisch: Ein Besuch in diesem Theater ist ein Muss (▸ S. 88).

Pinacoteca Brera
9 Italiens bedeutendste Kunstsammlung umfasst Werke vom Mittelalter bis heute (▸ S. 97).

Via Montenapoleone
10 Armani, Versace und Co. verleiten zum ausgiebigen Schaufensterbummel (▸ S. 102).

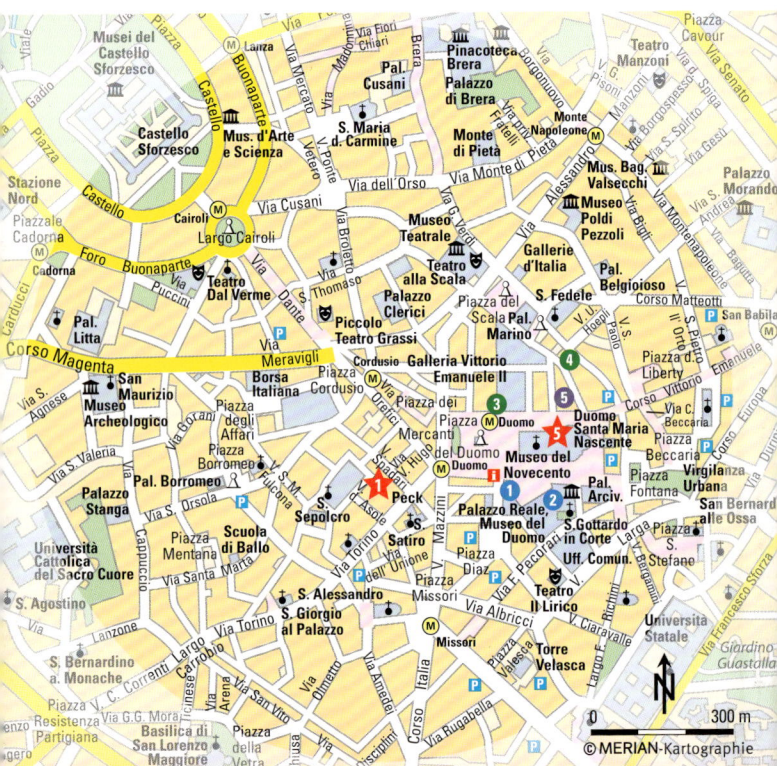

© MERIAN-Kartographie

360° Das Dom-Viertel

MERIAN TopTen

⭐ **Peck**
Im traditionellen Feinschmeckertempel kann der Gourmet aus dem Vollen schöpfen: Pasta, Pasteten, Käse und Wein (▶ S. 45).
Via Spadari 9

⭐ **Duomo Santa Maria Nascente**
Der monumentale Bau ist das bedeutendste gotische Bauwerk Italiens. Traumhaft: das Panorama von der Terrasse (▶ S. 75).
Piazza del Duomo

SEHENSWERTES

❶ Museo del Novecento
Im neu gestalteten Palazzo dell'Arengario führen Skulpturen und Installationen in die Kunst des 20. Jh. ein: italienische und internationale Exponate, darunter ein früher Picasso (▶ S. 94).
Via Marconi 1

❷ Palazzo Reale und Museo del Duomo
Der frisch renovierte Palazzo Reale ist ein Kulturzentrum. Im Herz-

stück, dem Dommuseum, erzählen 200 Exponate chronologisch die spannende Geschichte des Doms (▸ S. 80 und 94).
Piazza del Duomo 12

ESSEN UND TRINKEN

3 **Camparino in Galleria**
Die »aperitivo-Bar« ist ein legendärer Treffpunkt. Hier wurde 1867 der rubinrote Campari erfunden (▸ S. 38).
Galleria Vittorio Emanuele, Ecke Piazza del Duomo 21

4 **Luini**
Die sehr leckeren »panzerotti« (Teigtaschen) der Signora Giuseppina aus Apulien, salzig oder süß gefüllt, sind seit über 50 Jahren ein Gedicht (▸ S. 33).
Via Santa Radegonda 16

EINKAUFEN

5 **La Rinascente**
Das schönste, teuerste und schickste Kaufhaus Mailands – acht Stockwerke hoch (▸ S. 48).
Piazza del Duomo

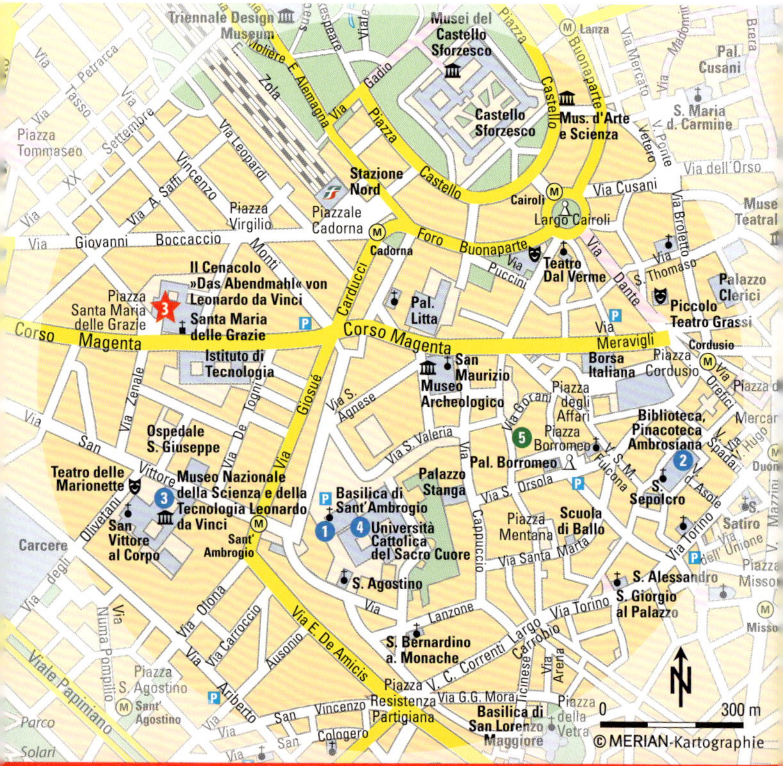

360° Auf den Spuren Leonardo da Vincis

MERIAN TopTen

⭐ **3** **»Il Cenacolo«**
(»Das Abendmahl«)

Das Gemälde von Leonardo da Vinci in der Kirche Santa Maria delle Grazie ist eines der größten Kunstwerke aller Zeiten (▸ S. 72).
Piazza Santa Maria delle Grazie 2

SEHENSWERTES

1 **Basilica di Sant'Ambrogio**
Die Mutter aller lombardischen Kirchen wurde im 4. Jh. von Bischof Ambrosius gegründet, der

später der Stadtpatron von Mailand wurde (▸ S. 68).
Piazza Sant' Ambrogio 15

2 **Biblioteca und Pinacoteca Ambrosiana**
Über 700 000 Bücher und Manuskripte lassen den Besucher der Bibliothek staunen. Ihr größter Schatz ist der »Codex Atlanticus« von Leonardo da Vinci. Die Pinakothek umfasst u. a. Gemälde von da Vinci und Caravaggio (▸ S. 96).
Piazza Pio XI 2

3 Museo Nazionale della Scienza e della Tecnologia Leonardo da Vinci

Das größte Wissenschaftsmuseum Italiens bietet mit 15 000 Objekten viel Spannendes: von Erfindungen da Vincis über Riesen-Dinos bis zu U-Booten (▸ S. 95).

Via San Vittore 21

4 Università Cattolica del Sacro Cuore

Die altehrwürdige Katholische Universität vom Heiligen Herzen, die in den 1920er-Jahren gegründet wurde, ist der Hauptsitz der größten privaten Hochschule Europas (▸ S. 69).

Piazza Sant'Ambrogio 15

ESSEN UND TRINKEN

5 Taverna Moriggi

Die Traditionskneipe ist zwar etwas in die Jahre gekommen, hat aber Charme. Die Mailänder Klassiker auf der Mittagskarte schmecken vorzüglich (▸ S. 35).

Via Morigi 8

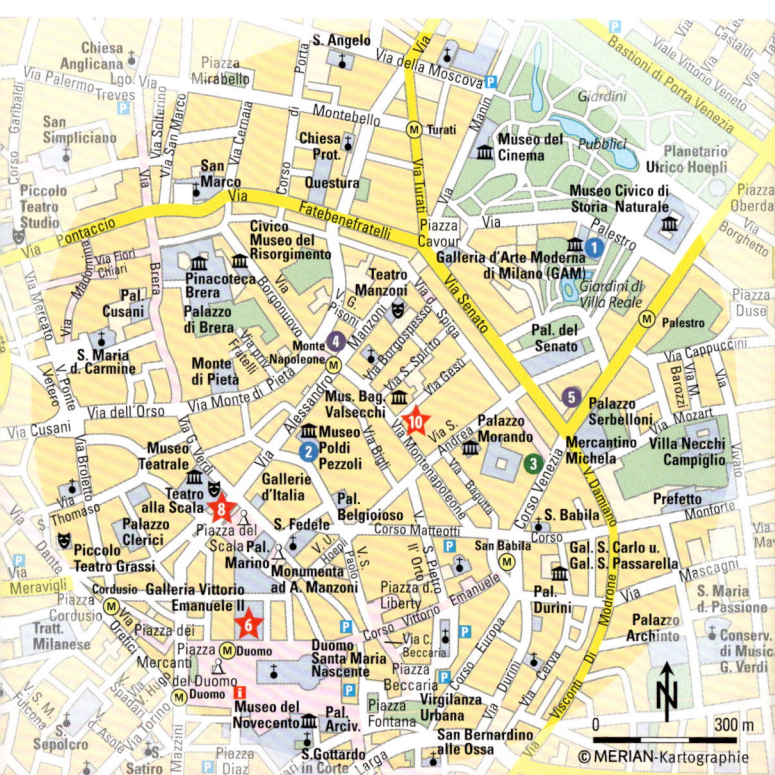

360° Mode-Mekka Montenapoleone

MERIAN TopTen

6 **Galleria Vittorio Emanuele II**
Die Einkaufspassage mit der Kuppelkonstruktion aus Glas und Stahl, üppigen Fresken und Marmor ist einzigartig (▸ S. 76).
Piazza del Duomo

8 **Teatro alla Scala**
Puccini, Rossini oder Verdi – der Besuch einer Opernaufführung in der »Scala« bleibt unvergesslich (▸ S. 88).
Via Filodrammatici 2

10 **Via Montenapoleone**
Die Straße ist die Shopping-Adresse schlechthin! Die größten aller Modehäuser haben hier ihre Flagshipstores (▸ S. 102).

SEHENSWERTES

1 **Galleria d'Arte Moderna di Milano (GAM)**
Die Sammlungen sind beeindruckend, aber auch der Standort der Villa im Englischen Garten bezaubert (▸ MERIAN Tipp, S. 21).
Via Palestro 16

Museo Poldi Pezzoli

2 Das Haus des Kunstsammlers Poldi Pezzoli birgt eine hochkarätige Sammlung. Highlight: Botticellis »Jungfrau mit Kind« (▸ S. 95).
Via Alessandro Manzoni 12

ESSEN UND TRINKEN

Dolce & Gabbana Martini Bar

3 Nach den Modeschauen feiert Dolce & Gabbana hier. Ansonsten kann in der exzentrischen Bar jeder einen Martini kosten (▸ S. 38).
Corso Venezia 15

EINKAUFEN

Armani

4 Auf 6000 m² gibt es hier alles nur Erdenkliche, vom Sofa bis zum Schoko-Snack, mit dem Logo des Star-Designers (▸ S. 46) .
Via Alessandro Manzoni 31

Vivienne Westwood

5 Punkig, extrovertiert, unangepasst, der Showroom der britischen Designerin ist eine Sensation (▸ S. 47).
Corso Venezia 25

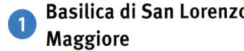

360° An den malerischen Kanälen Navigli

MERIAN TopTen

⑦ Navigli

Die Kanäle aus dem Mittelalter dienten lange dem Warentransport. Heute flanieren die Mailänder gern an ihren Ufern und genießen das Flair (▸ S. 78).
Porta Ticinese

SEHENSWERTES

① Basilica di San Lorenzo Maggiore

Die Kirche stammt aus dem 4. Jh., als Mailand unter dem Namen Mediolanum für kurze Zeit die Hauptstadt des Weströmischen Reichs war. Gegenüber reihen sich die Colonne di San Lorenzo, sechzehn korinthische Säulen, aneinander (▸ S. 68).
Corso di Porta Ticinese 39

② Basilica di Sant'Eustorgio

Die Kirche aus dem 4. Jh. birgt einen Reliquienschrein mit dem Schädel des Heiligen Pietro da Verona (▸ S. 70).
Piazza Sant' Eustorgio 3

③ Vicolo dei Lavandai

Die kleine Gasse ist nach den Waschfrauen benannt, die hier noch bis in die 1950er-Jahre Wäsche wuschen. Heute sind die kleinen Häuschen ein nostalgischer Ort mit Cafés und Ateliers im Hinterhof (▸ S. 89).

ESSEN UND TRINKEN

④ Al Pont de Ferr

Das Sternelokal liegt malerisch am Naviglio Grande, gleich bei der eisernen Brücke. Die Einrichtung ist rustikal und simpel, die Kreationen von Küchenchef Matias Perdomo sind dafür umso raffinierter (▸ S. 40).
Ripa di Porta Ticinese 55

AM ABEND

⑤ Luca e Andrea

Zur Happy Hour ist das kleine Lokal ein beliebter Treffpunkt. Es gibt leckere Cocktails und ein üppiges Buffet mit leckeren Pastagerichten und Gemüse (▸ S. 56).
Alzaia Naviglio Grande 34

360° Kunst und Eleganz im Viertel Brera

MERIAN TopTen

Pinacoteca Brera
Die Kunstakademie brachte Größen wie den Literaturnobelpreisträger Dario Fo hervor, die Galerie birgt eine bedeutende Sammlung italienischer Kunst vom Mittelalter bis heute (▸ S. 97).
Via Brera 28

SEHENSWERTES

San Marco
Die außen eher schlicht gehaltene Kirche wartet innen mit großen Kunstschätzen auf, darunter farbenprächtige Fresken und die »Madonna mit Kind« aus der Meisterschule des Maestros Leonardo (▸ S. 84).
Piazza San Marco 2

San Simpliciano
Eine der ältesten Kirchen Mailands ist innen zugleich eine der schönsten: Zu bewundern ist das Apsisfresko »Marienkrönung« des Bergognone von 1515 (▸ S. 85).
Piazza San Simpliciano 7

EINKAUFEN

3 Cavalli e Nastri
Modejournalisten und Trend-
setter schauen sich hier gern um.
Zu entdecken gibt es ausgewählte
Vintage-Teile – mit etwas Glück
auch von Chanel (▶ S. 47).
Via Brera 2

4 Profumo
Kosmetik vom Feinsten und
edle Parfüms u. a. von Lorenzo Villoresi aus Florenz (▶ S. 49).
Via Brera 6

AM ABEND

4 Jamaica
Hier treffen sich traditionell
Künstler, Modejournalisten und
Studenten der Mailänder Kunst-
akademie (▶ S. 54).
Via Brera 32

5 N'Ombra de Vin
Diese Weinbar ist bereits seit
1973 im einstigen Refektorium der
Augustinermönche untergebracht
(▶ S. 41).
Via San Marco 2

10

MERIAN Tipps

Mit MERIAN mehr erleben. Nehmen Sie teil am Leben der Stadt und entdecken Sie Mailand, wie es nur Einheimische kennen.

1 Hotel nhow Milano A 7

Der Zugang erinnert noch an eine Fabrikeinfahrt, doch hat man die Eingangstür passiert, überraschen knallbunte Installationen. In der Lobby und den Gängen des Hotels wird monatlich eine neue Ausstellung arrangiert. In einer stillgelegten Fabrik von General Electric, heute im Herzen des kreativen Mailand, haben der Mailänder Architekt Daniele Beretta und der Stardesigner Matteo Thun ein Highlight in Konzeption und im Design der Zimmer geschaffen. Während der großen Modeschauen verkehren hier die Laufstegstars, doch außerhalb der Events gibt es ein Doppelzimmer ab 200 €.

Tortona • Via Tortona 35 • Metro: Porta Genova • Tel. 0 24 89 88 61 • www. nhow-hotels.com • 249 Zimmer • €€€

Trattoria Casottel   südwestl. F 8

Signora Isa, die vor 50 Jahren aus Mantua nach Mailand kam, hat schon mehrere Restaurants geführt und kennt viele Honoratioren persönlich, manch einer kommt zu ihr ins Casottel, wie Bürgermeister Giuliano Pisapia, um ein »risotto alla mantovana« mit Wurstbrät zu genießen. Die Gerichte bereitet die Wirtin selbst zu: Ihr Mailänder Schnitzel ist das beste weit und breit, und auch das »risotto all'ossobuco« ist klasse. Im Sommer lädt der Garten zum Relaxen ein. Das Lokal liegt etwas außerhalb, aber nach einem Tag im Trubel ist es angenehm unaufgeregt.
Mazzini • Via Fabio Massimo 25 • Metro: Porto di Mare, Bus: 77, 84, 93, 95 • Tel. 02 57 40 30 09 • Di geschl.

Pasticceria Cucchi   C 6
Die Bar ist etwas aus der Zeit gefallen, seit 1936 hat sich wenig verändert, aber das ist gerade das Schöne: Man kann sich zurücklehnen und nostalgisch werden. Beim Anblick der süßen Teilchen, Schoko-Tartes und Pralinés läuft einem das Wasser im Mund zusammen. Im Sommer genießt man den »aperitivo« an einem Tisch draußen mit Blick auf den Platz. Seit drei Generationen hat sich der Charme gehalten.
Porta Genova • Corso Genova 1 • Tram: 2, 14 (Piazza d. Resistenza Partigiana) • www.pasticceriacucchi.it • Mo geschl.

Pinch – Spirits & Kitchen   B 7
Wer sich fragt, ob »nero di seppia« (Tintenfischtinte) mit Cranberry, Lakritzebitter, Rum und Ko-

kosnuss zusammenpasst, dem sei versichert: Der Cocktail »Squid pro Quo« schmeckt wunderbar nach Meer, wie es auf der Karte steht. Der Barmann serviert fantasievolle Cocktails mit außergewöhnlichen Ingredienzien. Die Atmosphäre ist retro und cool. Man kann auf dem Sofa sitzen und auf

den Kanal schauen, während die Häppchen serviert werden. Herrlich entspannend!
Navigli • Ripa di Porta Ticinese 63 • Metro: Porta Genova • Tel. 02 36 52 82 04 • tgl. 10–2 Uhr

Klassik im Auditorium Gaber   E 3
Der »Pirellone«, das Pirelli-Hochhaus, ist der älteste Wolkenkratzer Mailands und ein Ort, der einen Besuch lohnt. Am ersten Montag im Monat bietet sich die Gelegenheit, das Hochhaus auch als Tourist zu betreten. Dann finden Abende klassischer Musik im Auditorium Gaber statt. Bei den »Incontri Musicali« spielen italienische und internationale Musik-

größen Stücke von Beethoven bis Strawinski – und dieser Kulturgenuss ist sogar kostenlos.
Centrale • Piazza Duca d'Aosta 3 • Metro: Stazione Centrale • Programm unter www.soconcerti.it

Bosco Verticale (»senkrechter Wald«)   D 3

Von Weitem muten die zwei Hochhäuser selbst im kreativen Mailand extravagant an: An versetzten Balkonen wachsen nicht nur Sträucher, sondern sogar ausgewachsene Bäume! Dahinter steckt das preisgekrönte ökologische Projekt des Architekten Stefano Boeri: Die Baumfassade schützt die Bewohner vor Hitze, Kälte und Lärm. Auf 50 000 m² Wohnfläche kommen 10 000 m² Wald. Für die Bewässerung sorgt ein automatisches System, das Brauchwasser aufbereitet und über Schläuche zu den Pflanzen leitet. Der Bosco Verticale wurde Ende 2014 fertiggestellt. Wohnen im Ökobau ist allerdings nicht billig: 13 000 € betrug der Quadratmeterpreis bei Verkaufsbeginn.
Isola • Via Gaetano de Castillia • Metro: Garibaldi, Isola

Monumento L.O.V.E. – der »Stinkefinger«   C 5

Ein überdimensionaler Mittelfinger ragt vor dem Börsenpalast in den Himmel. Als antikapitalistisches Statement erhitzte die Marmorskulptur die Gemüter der Mailänder Börsianer, während der Künstler Maurizio Cattelan, bekannt dafür, mit seinen Werken zu provozieren, von einer »Geste der Liebe« spricht. »L.O.V.E.« ist der offizielle Titel des Kunstwerks, das, anders als ursprünglich geplant, nun dauerhaft hier bleibt.
Sant' Ambrosio • Piazza degli Affari • Metro: Cordusio

8 Radtour am Kanal F 1

Der Kanal Naviglio Martesana, entworfen von Leonardo da Vinci, wird bis heute von Schiffen befahren und verbindet Mailand mit dem Fluss Adda im Osten, der vom Comer See gespeist wird. Auf dem schönen Radweg geht es durchs Grüne am Wasser entlang, teils vorbei an noblen Villen aus dem 17. und 18. Jh. Der Radweg endet in Trezzo sull'Adda. Schöne Stopps unterwegs sind die Ortschaft Gorgonzola, wo im September die »sagra« (das Fest) des Gorgonzola gefeiert wird, oder das bäuerliche Bellinzago Lombardo.
32 km • www.naviglilombardi.it/en/navigli/naviglio-martesana

9 San Bernardino alle Ossa E 6

»Ossario« steht auf dem Schild in der Kirche, der Pfeil deutet nach rechts: In der Seitenkapelle sind alle Wände bis zur Decke mit menschlichen Schädeln und Knochen »verziert«. Der Hintergrund ist logistischer Natur: Vor dem Bau der Kirche um 1270 befand sich dort ein Friedhof, auf dem die Toten vom benachbarten Hospital beerdigt wurden. Als es auf dem Friedhof eng wurde, errichtete man ein Ossarium, um die Knochen der Toten platzsparend unterzubringen. Aus dem Beinhaus wurde später die Kapelle der Kirche des hl. Bernhardin (1380–1444) »zu den Knochen«. Im Ossarium sind Schädel und Knochen mit Knochensplittern zu mosaikartigen Mustern zusammengesetzt, auch die Säulen und Wände sind mit Knochen gestaltet – ein makabres Kunstwerk.

Centro Storico • Via Verziere 2 (Piazza Santo Stefano) • Metro: Duomo, Tram: 12, 15, 23, 27 • Mo–Fr 7.30–12 und 13–18, Sa 7.30–12 Uhr • Eintritt frei

10 Galleria d'Arte Moderna di Milano (GAM) E 4

Die Galerie befindet sich nur wenige Schritte vom Modeviertel entfernt in der ehemaligen Königsvilla in einem verwunschenen Garten im englischen Stil. Entworfen wurde das Meisterwerk des Mailänder Klassizismus von dem Österreicher Leopoldo Pollack, dessen Werke für Funktionalität und Eleganz stehen. In den Ausstellungen ist italienische Kunst aus dem 19. und 20. Jh. zu sehen mit Werken u. a. von Antonio Canova, Daniele Ranzoni, Medardo Rosso, Gaetano Previati, außerdem die Vismara-Sammlung mit Bildern von Modigliani, Manet, Toulouse-Lautrec und van Gogh.
Montenapoleone • Via Palestro 16 • Metro: Palestro, Tram: 1 (Piazza Cavour) • www.gam-milano.com • Di–So 9–17.30 Uhr • Eintritt 5 €, erm. 3 €, tgl. ab 16.30 und Di ab 14 Uhr frei

In der legendären Bar Camparino in Galleria (▸ S. 38) wurde einst der rubinrote Campari erfunden.

Zu Gast in **Mailand**

Haute Couture, Gourmet-Adressen, Szenebars und kulturelle
Top-Events locken Interessierte in die Metropole, die immer in
Bewegung zu sein scheint.

Übernachten

Mit coolen Designhotels, herrschaftlichen Palazzi oder kuscheligen Pensionen bietet Mailand die passende Unterkunft für viele Ansprüche.

◄ Das Maison Borella (► S. 25) ist eine Oase der Gemütlichkeit.

Es gibt in Mailand zwei Arten von Zimmern: »Teuer, und teuer und hässlich«, witzeln Geschäftsleute gern. Wahr ist, dass die Preise überteuert sind. Was nicht stimmt, ist, dass die meisten Unterkünfte optisch enttäuschen. Das hochpreisige Segment mit Luxushotels hat an Extravaganz einiges zu bieten, und auch viele kleine Hotels haben ein originelles Konzept. So kann man beispielsweise auf einem Bauernhof mitten in der Stadt übernachten, die Zimmer in einem Mini-Hotel haben Weltreisende eingerichtet; ein anderes Haus setzt komplett auf Nachhaltigkeit. Klar, dass zu Messezeiten und Modewochen, besonders im Herbst und Frühling, die Preise in zentralen Gegenden ins Astronomische steigen. Die gute Nachricht ist: Das funktioniert auch umgekehrt, an Tagen ohne Events sinken die Preise. Da lohnt es, nach einem guten Hotel Ausschau zu halten, vielleicht sogar einem Designhotel, das zu dieser Zeit ein günstiges Angebot unterbreitet.

Preiswert und familiär

Daneben gibt es aber auch für Preisbewusste solide Dreisternehotels an zentralen Plätzen, von denen man mit Tram oder U-Bahn im Nu ins Zentrum kommt.
Wer es lieber familiär mag, kann auch gut in einem Bed & Breakfast unterkommen. Unter der Webseite www. bbitalia.it/de/bed-breakfast-mailand. html findet man günstige Zimmer. Nette Privatunterkünfte gibt es schon ab 40 € pro Person, aber solche Angebote sind noch verhältnismäßig rar.

Da heißt es: rechtzeitig buchen. Wer länger in Mailand bleiben möchte, sollte erwägen, ein kleines Apartment zu mieten. Viele gute Angebote gibt es etwa auf www.airbnb.de

Preise für ein Doppelzimmer mit Frühstück:
€€€€ ab 250 €   €€€ ab 180 €
€€ ab 100 €   € bis 100 €

HOTELS €€€€

3Rooms 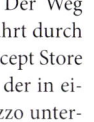 D 3
Luxuriöses Mini-Hotel • Der Weg zu den drei Apartments führt durch den Modetempel und Concept Store 10 Corso Como (► S. 44), der in einem alten Mailänder Palazzo untergebracht ist. Die Apartments umfassen jeweils ein Schlafzimmer, ein Wohnzimmer und ein Bad und sind über einen Balkon mit privatem Eingang zu erreichen. Die Möbel und Accessoires passen zum Stil des Ladens nebenan. Es gibt brandneue Stücke und Vintage-Möbel von Designern wie Kris Ruhs, Arne Jacobsen und Joe Colombo.
Garibaldi • Corso Como 10 • Metro: Garibaldi • Tel. 02 62 61 63 • www. 3rooms-10corsocomo.com • €€€€

Hotel Maison Borella C 7
Kuschelig im Ausgehviertel • Die Lage ist perfekt für alle, die abends noch mal für einen Cocktail auf die Piste wollen. Das Viersternehotel ist in einem alten umgebauten, typischen Mailänder Haus mit Innenhof und durchgehendem Balkon an der Fassade untergebracht. Die Zimmer sind superkomfortabel und mit Liebe eingerichtet, man fühlt sich fast wie zu Hause. Einige Zimmer haben Blick auf den Kanal – einfach traumhaft!

Navigli • Alzaia Naviglio Grande 8 • Metro: Porta Genova • Tel. 02 58 10 91 14 • www.hotelmaisonborella. com • 23 Zimmer • &. • €€€€

Hotel Straf ■ D 5

Minimalistisches Flair • Zu der Fassade aus dem 19. Jh. steht das Innere mit den nackten Betonwänden und den schlichten Möbeln in hartem Kontrast. Genau das begeistert an dem Design. Auch die Zimmer sind mit innovativen Materialien wie von Hand bearbeitetem Schiefer gestaltet, die Ausstattung hat höchstes Hightech-Niveau, und doch fühlt man sich geborgen. Im sechsten Stock gibt es sogar Zimmer mit privatem Mini-Spa. Wer einen Absacker an der Bar nimmt, taucht ins hippe Mailand ein.

Centro Storico • Via San Raffaele 3 • Metro: Duomo • Tel. 02 80 50 81 • www.straf.it • 64 Zimmer • €€€€

★ MERIAN Tipp

HOTEL NHOW MILANO

Hier fühlt man sich mittendrin im kreativen Mailand der Designer. Im ehemaligen Industriekomplex in der Nähe des Navigli-Viertels hat der Mailänder Stararchitekt Matteo Thun ein Designhighlight entworfen. ▶ S. 18

HOTELS €€€

Alle Meraviglie ■ D 5

Individueller Charme • Reizendes B&B in der Nähe der Via Dante in einem historischen Gebäude, sechs charmant eingerichtete Zimmer, jedes im Stil individuell. Bei der Ankunft stehen frische Blumen auf dem Tisch. Freies WLAN.

Castello • Via San Tomaso 8 • Metro: Cairoli • Tel. 0 28 05 10 23 • www.alle meraviglie.it/info.htm • 6 Zimmer • &. • €€€

🌿 Ariston Hotel ■ C 6

City-Hotel mit Öko-Faktor • Sehr zentral gelegen, sauber, funktionell und elegant eingerichtete Zimmer, alle mit WLAN. Das Frühstück ist mit Zutaten aus ökologischem Anbau besonders schmackhaft. Das Drei-Sterne-Haus ist das erste Öko-Hotel Mailands: Alle Leuchten haben höchste Energieeffizienz, alle Duschen eine Wasserbremse – und alle verwendeten Materialien sind schadstofffrei.

Centro Storico • Largo Carrobbio 2 • Tram: 2, 3, 14, Bus: 94 • Tel. 02 72 00 05 56 • www.aristonhotel.com • 52 Zimmer • €€€

🌿 Bio City Hotel ■ F 2

Natur trifft Technologie • Das Hotel in der Nähe der Stazione Centrale ist in einer Villa aus den frühen 1920er-Jahren untergebracht. Bei der Renovierung wurden nur umweltfreundliche Materialien verwendet, im Hotel kommen ohnehin ausschließlich umweltschonende Produkte zum Einsatz. Alle Zutaten beim Frühstück, das auf der Terrasse mit Blick auf den Garten serviert wird, stammen aus der Region. Die Zimmer sind jeweils von einem Motto aus der Natur inspiriert, z. B. Sahara oder Amazonas, Gletscher oder Vulkan, und mit vielen Details ausgestattet, etwa Lichteffekten in der Dusche oder Designermöbeln aus Naturstoffen.

Gioia • Via Edolo 18 • Metro: Sondrio • Tel. 02 66 70 35 95 • www.biocity hotel.net • 25 Zimmer • €€€

Das Hotel Straf (▸ S. 26), nicht weit vom Dom, zeichnet sich durch sein ausgesprochen stilvolles und originelles Design aus.

Hotel Galles   🟥 F 3

Wellness auf der Shoppingmeile • Am Corso Buenos Aires, einer der größten Shoppingstraßen der Stadt, befindet sich der historische Palazzo aus dem 19. Jh., in dem heute das Viersternehotel untergebracht ist. Die Atmosphäre ist von Originalgemälden der Epoche geprägt, Suiten sind nach großen Musikern und Schriftstellern benannt. Besonders schön sind der Wellnessbereich und das Hallenbad. Die Farbtherapie mit Himalaya-Salz nach der Shoppingtour entspannt wunderbar. Wer der Umwelt Gutes tun will, kann Öko-Zimmer mieten. Man versucht, die durch den Aufenthalt erzeugten CO_2-Emissionen durch den Bau und Schutz von Grünflächen auszugleichen.

Buenos Aires • Piazza Lima 2 • Metro: Lima • Tel. 02 20 48 41 • www.galles.it • 200 Zimmer • €€€

Hotel Manin   🟥 E 4

Toplage und gutes Frühstück • Frisch renoviertes, elegantes Hotel im Herzen von Mailand in der Nähe des Parks Giardini Indro Montanelli. Die Zimmer sind modern und funktionell eingerichtet. Das Frühstück ist reichhaltig und lecker (inkl. Rührei mit Speck und mit Vanillecreme gefüllter Krapfen).

Brera • Via Manin 7 • Metro: Turati • Tel. 0 26 59 65 11 • www.hotelmanin. it • 124 Zimmer • €€€

Hotel Manzoni   🟥 D 5

Schick im Goldenen Viereck • Das geschmackvolle Viersternehotel liegt mitten im Viertel der Haute Couture. Eleganz und Perfektion bis ins kleinste Detail sind hier schon seit 1951 maßgeblich. Die Zimmer sind mit Möbeln und Stoffen ausgestattet, die allesamt ein bisschen altmodisch wirken, aber sehr fein sind; das Per-

sonal ist reizend und hilfsbereit – alles hat Stil.
Montenapoleone • Via Santo Spirito 20 • Metro: Montenapoleone • Tel. 02 76 00 57 00 • www.hotelmanzoni.com • 47 Zimmer und Suiten • €€€

Hotel Spadari al Duomo   ◼ D 5

Gesamtkunstwerk am Dom • Das kleine Viersternehotel in der Nähe des Mailänder Doms wird liebevoll wie ein Familienbetrieb geführt. Das Gesamtkonzept stammt von Urbano Pierini. Vom berühmten Bildhauer Giò Pomodoro ist das Werk über dem Kamin, etliche andere Werke bereichern das Ambiente. Die Zimmer sind schick eingerichtet. Morgens kann man sich auf ein üppiges amerikanisches Frühstück freuen.
Centro Storico • Via Spadari 11 • Metro: Duomo • Tel. 02 72 00 23 71 • www.spadarihotel.com/it • 40 Zimmer • €€€

Petit Palais Hotel
De Charme   ◼ D 6

Extravagantes Flair • Das Haus gehört einer alten Mailänder Adelsfamilie, 2004 machte die Contessa ein Hotel mit sehr eigenwilliger Einrichtung daraus. An der Wand ist ein Weihwasserbecken aus dem 17. Jh. zu bewundern – der Palast war früher ein Nonnenkloster –, das Frühstück wird im ehemaligen Refektorium eingenommen. Ansonsten herrscht eher die Liebe zum Überschwang vor: Empiremöbel, Stuckarbeiten, Seidentapeten, Teppiche, Marmorbäder mit Ölgemälden – fast etwas überladen, aber herrlich altmodisch!
Centro Storico • Via Molino delle Armi 1 • Metro: Missori • Tel. 02 58 48 91 • www.petitpalais.it/de • 18 Zimmer • €€€

HOTELS €€
Antica Locanda dei
Mercanti   ◼ D 5

Gepflegt im Zentrum • Das charmante kleine Haus in einem historischen Palazzo liegt in einer sehr ruhigen Straße, aber trotzdem mitten im Zentrum. Stilvolle, komfortabel eingerichtete Zimmer; freundliches, hilfsbereites Personal.
Castello • Via San Tomaso 6 • Metro: Cordusio • Tel. 0 28 05 40 80 • www.locanda.it • 14 Zimmer • €€

Antica Locanda Solferino   ◼ D 4

Im Künstlerviertel Brera • Das »alte Gasthaus«, das es früher einmal war, liegt mitten im schicken Stadtteil Brera, direkt neben dem namhaften Restaurant Solferino. Die Zimmer sind gemütlich eingerichtet, original im Stil der 1920er-Jahre, eines hat sogar einen romantischen Balkon. Das Frühstück wird stets inklusive Zeitung auf dem Zimmer serviert. Die Rezeption hilft bei Reservierungen etwa für »Das Abendmahl« von Leonardo da Vinci oder von Theaterabenden für die Scala.
Garibaldi • Via Castelfidardo 2 • Metro: Moscova, Bus: 43, Tram: 30 • Tel. 0 26 57 01 29 • www.antica locandasolferino.it • 11 Zimmer • €€

Bed & Bread   ◼ A 6

Zaubergarten • In einer ruhigen Wohngegend kann man sich in einem der drei liebevoll eingerichteten Zimmer wie zu Hause fühlen. Der Garten ist eine wahre Oase mitten in der Stadt. Das Frühstück ist reichhaltig und lecker.
Sant'Agostino • Via Vetta d'Italia 14 • Metro: S. Agostino, Bus 58, 61 • Tel. 02 46 82 67 oder 33 38 39 64 41 • www.bedandbread.it • 3 Zimmer • €€

Hotel Casa Mia
Frühstück mit Parkblick • Das solide Zwei-Sterne-Haus liegt zentral bei den Giardini Pubblici Indro Montanelli, das Personal ist freundlich, die Ausstattung der Zimmer funktionell.
Repubblica • Viale Vittorio Veneto 30 • Metro: Repubblica • Tel. 0 26 57 52 49 • www.hotelcasamiamilano.it • 15 Zimmer • €€

Hotel Ritter
Solide in Toplage • Das bodenständige Dreisternehotel liegt nicht weit vom Einkaufsviertel Corso Como im noblen Brera-Viertel. Die Zimmer sind eher klein, aber alle renoviert. Der Eingangsbereich ist großzügig gestaltet und das Frühstück schmeckt lecker. Das Preis-Leistungs-Verhältnis überzeugt daher.
Garibaldi • Corso Garibaldi 68 • Metro: Moskova • Tel. 02 29 00 68 60 • www.ritter-hotel.com • 88 Zimmer • €€

Lafavia Four Rooms
Originell • Die beiden Weltreisenden Marco und Fabio sind in ihre Heimatstadt Mailand zurückgekehrt und haben vier Zimmer in einem historischen Palazzo zu einem charmanten Bed&Breakfast gestaltet. Die Eindrücke ihrer Reisen durch Bolivien, den Urwald Costa Ricas, Mexiko, aber auch Paris und Barcelona, haben Sie zu dem bunten Interieur inspiriert. Ausgewählte Accessoires wie Sessel aus den 1950er-Jahren von Paolo Buffa sorgen ein Tisch von Le-Corbusier sorgen für Stil. Die Badezimmer sind bunt und modern. Ein kleiner Garten lädt zum Träumen ein.
Garibaldi • Via Carlo Farini 4 • Tram: 2 • Tel. 34 77 84 22 12 • www.lafavia 4rooms.com • 4 Zimmer • €€

Palazzo delle Stelline
Grüne Oase in der Stadt • Das gegenüber von Santa Maria delle Grazie gelegene Hotel ist in einem ehemaligen Kloster untergebracht, das danach ein Kinderheim war. Von dem Bauwerk sind noch die Fassade und der Kreuzgang aus dem 15. Jh. übrig. Viele Zimmer haben einen Balkon und Blick auf den großen grünen Kreuzgang. Bezaubernd!
Magenta • Corso Magenta 61 • Metro: Cadorna oder Tram: 16 • Tel. 0 24 81 84 31 • www.hotelpalazzostelline.it • 105 Zimmer • €€

HOTELS €

Bed & Breakfast Cocoon
Heimisch mit Garten • Das nette kleine Haus liegt im Viertel Tortona, nicht weit von den belebten Navigli-Kanälen. Alle drei Zimmer, ein rotes, ein weißes und ein graues, sind stilvoll, modern und großzügig eingerichtet. Der hübsche Garten ist ein willkommener Ruhepol nach anstrengenden Sightseeingtouren.
Porta Genova • Via Voghera 7 • Metro: Porta Genova • Tel. 0 28 32 27 69 oder 34 98 60 60 14 • www.cocoon bb.com • 3 Zimmer • €

Hotel Minerva
Für Nachtschwärmer • Das Hotel hat den Charme vergangener Zeiten; die Lage ist in Kombination mit dem Preis unschlagbar. Zu Fuß ist man in zehn Minuten im Navigli-Viertel, wo viele Bars und Restaurants einladen. 24-Stunden-Rezeption. Zum Frühstück gibt es frische Brötchen.
Porta Genova • Corso Cristoforo Colombo 15 • Metro: Porta Genova • Tel. 0 28 37 57 45 • www.hotelminerva milan.com/german • 44 Zimmer • €

Essen und Trinken

Deftige Küche »alla milanese« ist der Klassiker, aber Besucher können sich auch auf vegetarische Leckereien und Spezialitäten aus der ganzen Welt freuen.

◄ Im Cracco (▶ S.39) stellt Carlo Cracco seine Kochkunst unter Beweis.

Die Bar ist quasi das zweite Wohnzimmer des Mailänders: Zum Frühstück trinkt er am Tresen einen Cappuccino im Stehen, vormittags geht es zur Kaffeepause auf einen Sprung in die Bar; mittags isst er hier gern ein warmes »panino« oder ein »tramezzino« (belegte Weißbrotscheiben). Ab 18 Uhr ist »aperitivo«-Zeit: ein Campari, ein Aperol Spritz, dazu Oliven und Salzgebäck; in vielen Bars gibt es zur Happy Hour (ab 19 Uhr) ein Buffet mit kalten und warmen Kleinigkeiten – praktisch Abendessen inklusive! Doch es lohnt sich, »la cena« in Mailand ausgiebig zu genießen.

Lombardische Küche

Im Angebot ist alles, was das Herz des anspruchsvollen Mailänders begehrt. International – von argentinisch bis japanisch – über Varianten der italienischen Küche, piemontesisch oder toskanisch, bis zur bodenständigen lokalen lombardischen Küche. Da dominiert das **Risotto**, schließlich liegt Mailand inmitten von Reisfeldern. Der Klassiker: »risotto alla milanese« (mit Safran). Ansonsten isst man eher deftig: ein »cotoletta alla milanese«, das berühmte panierte **Kalbsschnitzel**, oder »ossobuco«, die **Kalbshaxe** nach Mailänder Art, ein traditionelles Schmorgericht, und die »cassoeula«, einen herzhaften **Eintopf** aus Schweinefleisch, Würstchen und Wirsing, der mit Polenta (Maisgrießbrei) serviert wird. Beim süßen Gebäck hat der luftige aromatische **Panettone**, bekannt als Weihnachtskuchen, in Mailand Tradition.

Vom Sternekoch Carlo Cracco, der für kreative Mailänder Küche steht, bis zur Frittierbude am Dom, wo die besten Teigtaschen der Stadt zu haben sind – die Auswahl an Spezialitäten und Preisklassen ist enorm.

Preise für ein dreigängiges Menü:
€€€€   ab 90 €   €€€   ab 60 €
€€   ab 30 €   €   bis 30 €

ARGENTINISCH
El Porteño C 4
Saftige Steaks • Original ist schon der Name, denn »porteño« darf sich nur nennen, wer in Buenos Aires geboren wurde. Auch das »asado«, das langsam gegrillte Fleisch, »bife de chorizo« (Rumpsteak) und andere Leckereien vom Grill sind authentisch. Die Einrichtung, die Köche, die Kellner, die Weine (etwa von der exquisiten Rebsorte Malbec, die nur in Argentinien angebaut wird), alles kommt aus dem südamerikanischen Land. Und die Qualität ist original gut.
Sempione • Viale Elvezia 4 • Metro: Moscova • Tel. 02 34 53 72 75 • www. elporteno.it • tgl. 19–24 Uhr • €€€

FISCH
Il Centro Ittico ◼ E 7
Frisches aus dem Meer • »Fischerei-Restaurant« nennt sich das Lokal seit 1982, und fangfrischer Fisch in allen Varianten ist das Motto. Früher, als das Lokal noch am alten Markt war, wanderte der Fisch direkt von der Markttheke in den Topf. Bis heute sind die rohen Meeresspezialitäten und vielen mediterranen Kreationen legendär.
Porta Romana • Corso di Porta Romana 132 • Metro: Porta Romana •

Tel. 02 26 14 37 74 • www.centroittico
milano.it • Mo–Fr 12.30–14, Mo–So
19.30–23 Uhr • €€€

Ostriche & Vino C 7

Brise aus der Bretagne • Francesco
Zanoletti war früher Rechtsanwalt,
bis er seine ganze Energie in dieses
reizende Bistro steckte. Ein solches Lokal findet man sonst nur an
der Côte d'Azur. 48 Arten von Austern, die alle frisch von der bretonischen Küste und aus Irland eingeflogen werden. Die Miesmuscheln mit
Pommes frites werden auf zehn verschiedene Arten zubereitet. Famos
auch das Angebot an rohem Fisch.
Dazu ein kühles Glas Weißwein aus
der exzellenten Auswahl.
Navigli • Via Col di Lana 5 • Metro:
Porta Genova • Tel. 02 58 10 02 59 •
www.ostrichevino.it • Mo–Sa 19–
0.30 Uhr • €€€

ITALIENISCH

All' Isola D 3

Mediterran solide • Das Traditionslokal an der Fußgängerzone Corso
Como hat Tische draußen, und man
kann gut das geschäftige Treiben auf
der schicken Einkaufsmeile beobachten. Serviert wird mediterrane
Küche. Es gibt Fisch- und Fleischgerichte, auch Muscheln. Unter den
Pasta-Gerichten sind Orecchiette
mit Pferdefleisch-Ragout zu finden,
die Pizza kommt aus dem Holzofen.
Garibaldi • Corso Como 10 • Metro: Garibaldi • Tel. 02 84 57 11 25 • tgl. 12–15,
19–23.30 Uhr • €€

Bagutta E 5

Trattoria mit Literatur • Berühmt ist
diese Trattoria für die alljährliche
Literaturpreisverleihung, die erstmals 1927 stattfand. Die großen
Räume sind mit Fresken italienischer Künstler und preisgekrönten
Büchern geschmückt. Das Lokal im
eleganten Viertel Brera ist äußerst
beliebt, zum Glück hat es Platz für
200 Gäste. Im Sommer kann man im
Garten sitzen. Die Küche bietet toskanisch-lombardische Spezialitäten.
Beliebt ist »cotoletta alla milanese
primavera«, Kalbskotelett mit frischen Tomaten und Rucola.
Brera • Via Bagutta 14 • Metro: San
Babila • Tel. 02 76 00 27 67 • www.
bagutta.it • Mo–Sa 12.30–22.30 Uhr •
€€

L'Osteria del Treno E 3

Slow Food vom Bahnhofsbuffet • Im
Haus der ehemaligen Eisenbahnerkantine bilden drei Speisesäle, ein
überdachter Hof und ein Jugendstilsaal das Ambiente, in dem die Familie
Bissolotti traditionsgemäß auf gute
Zutaten setzt. Mittags gibt es am
Selbstbedienungsbuffet leckere Pastagerichte, alles mit saisonalen Zutaten, treu den Prinzipien von Slow
Food: etwa »Tortelli mit Wurst und
Wirsing«, als Hauptgang ein klassisches »bollito« (gekochtes Rindfleisch) und zum Nachtisch Mousse
au Chocolat. Gut und relativ günstig.
Repubblica • Via San Gregorio 46–48 •
Metro: Repubblica, Centrale und
Gioia • Tel. 0 26 70 04 79 • www.
osteriadeltreno.it • Mo–Fr 12.30–
14.30, Mo–So 20–24 Uhr • €€

Chic 'n Quick C 8

Mittagsmenü vom Starkoch • Das
Bistro-Lokal des Sternekochs Claudio Sadler. Im modernen coolen
Ambiente kann man mittags etwa
Fisch in Topinambur-Soße mit Artischocken zum günstigen Mittags-Menü-Preis genießen.

Das Gourmetrestaurant Joia (▶ S. 39) ist ein besonderer Ort für Liebhaber der vegetarischen Küche – dank Chefkoch Pietro Leemann und seiner Crew.

Navigli • Via Cardinale Ascanio Sforza 77 • Metro: Port Genova • Tel. 02 89 50 32 22 • www.sadler.it/cnq • tgl. Di–Sa 12.30–14.30, Mo–Sa 19.30–22.30 Uhr • €

Luini   🟥 D 5

Heiß und lecker • Nach dem Krieg kam Signora Giuseppina Luini aus Apulien und eröffnete hier eine Bäckerei. Bis heute ist die Teigspezialität »panzerotti« aus ihrem Heimatort der Renner in der Mittagspause im Zentrum, egal ob süß oder salzig, die Teigwaren sind immer auf den Punkt richtig und ein echter Genuss! Centro Storico • Via Santa Radegonda 16 • Tel. 02 86 46 19 17 • www.luini.it • Mo 10–15, Di–Sa 10–20 Uhr • €

JAPANISCH

Hana Restaurant   🟥 A 5

Klasse Sushi und Suppen • Sehr beliebtes und gut besuchtes Sushi-Lokal, die Tische werden nur stundenweise vergeben, aber das Sushi ist großartig und auch die Nudelsuppen (»udon«) schmecken hervorragend. Sant'Ambrogio • Via Paolo Giovio 3, Ecke Corso Vercelli 37 • Metro: Pagano • Tel. 02 48 19 72 13 • www.hana restaurant.it • Mo 19.30–23, Di–Sa 12.30–14.30 und 19.30–23.15 Uhr • €€

LOMBARDISCH

Antica Trattoria al Matarel   🟥 C 4

Deftige Hausmannskost • In der alten Mailänder Trattoria kann man hervorragend die Klassiker der lokalen Küche kosten: »cotoletta alla milanese«, »risotto all'ossobuco«, eine typische Mailänder Variante des Risotto, oder »torta di pane« zum Dessert. Es gibt keine Weinkarte, aber man kann sich auf die Empfehlung des Kellners verlassen. Alle

Gerichte sind bodenständig und lecker, ohne Schnickschnack, ebenso wie die Einrichtung rustikal und einfach, aber gemütlich ist.
Brera • Via Laura S. Mantegazza 2 • Metro: Moscova • Tel. 02 65 42 04 • Do–Mo 12–14.30, Mi–Mo 19.15–22.30 Uhr • €€€

Il Salumaio di Monte Napoleone   ■ D/E 5

Hausgemachte feine Küche • Die Familie Travaini ist eine Institution der Mailänder Gastroszene. Seit den 1950er-Jahren versorgte sie in ihrem Feinkostladen in der Via Montenapoleone die Mailänder Schickeria mit den besten Tortelli, Salami und anderen Delikatessen. Heute servieren sie um die Ecke in ihrem Restaurant im romantischen Innenhof des Palazzo Bagatti Valsecchi, der heute ein Museum beherbergt, hausgemachte Pasta, Pasteten und viele andere Köstlichkeiten.
Montenapoleone • Via S. Spirito 10/ Via Gesù 5 • Metro: Montenapoleone • Tel. 02 76 00 11 23 • www.ilsalumaio dimontenapoleone.it • Mo–Sa 12–23 Uhr • €€

Officina 12   ■ C 7

Raffinierte Kreationen • Einfach in der Einrichtung, dennoch cool im gesamten Ambiente und äußerst raffiniert in der Zubereitung der Speisen: Filets, tagesfrischer Fisch, Kürbis-Flan auf Taleggio-Fondue, Amaretti Saronno und Croûtons – vielleicht als Vorspeise? Auf jeden Fall der perfekte Ort für ein Gourmetmenü nach allen Regeln der Kunst!
Navigli • Alzaia Naviglio Grande 12 • Metro: Porta Genova • Tel. 02 89 42 22 61 • www.officina12.it • €€

Die traditionelle Trattoria Il Salumaio (▶ S. 34) im Palazzo Bagatti Valsecchi serviert neben hausgemachter Pasta auch andere Gerichte der lombardischen Küche.

Ponte Rosso C 7

Tische am Kanal • Die perfekte Adresse für solide lombardische Traditionsküche. Im Sommer kann man an Tischen am Kanal sitzen. Zu den Kultgerichten gehört »cotoletta alla milanese« oder im Winter der klassische Eintopf »cassoeula«, aber auch Gerichte aus anderen Regionen wie »fritto alla romana« oder die Gerichte für Vegetarier schmecken hervorragend. Zum Abschluss das Käsesortiment mit Zwiebelkompott und Honig probieren!
Navigli • Ripa di Porta Ticinese 23 • Metro: Porta Genova • Tel. 0 28 37 31 32 • www.trattoriaponterosso.it • Mo–Sa mittags und abends • €€

Trattoria Milanese D 6

Das beste Safran-Risotto • Es ist ein bisschen eng im Traditionslokal mit rustikalem Ambiente, die Tische mit weißen Tischdecken stehen dicht beieinander, der Andrang ist meistens beachtlich. Doch der Besuch lohnt wegen des Klassikers: »ossobuco« (Kalbshaxe) mit Safran-Risotto. Die warme Zabaione zum Nachtisch ist auch sehr lecker.
Centro Storico • Via Santa Marta 11 • Metro: Cardusio • Tel. 02 86 45 19 91 • Mo–Sa mittags und abends • €€

Taverna Moriggi C 5

Wein, Schinken und mehr • Die Trattoria nahe der Piazza Affari im Finanzviertel mit dem dunkel getäfelten Interieur ist ein bisschen nostalgisch, vielleicht sogar ein wenig dekadent. Das Tagesmenü ist auf jeden Fall unschlagbar: Geboten werden Mailänder Spezialitäten wie »cassoeula«, Eintopf mit Schweinefleisch, Kohl und Würstchen, Risotto oder »bocconcini di manzo

⭐ MERIAN Tipp

TRATTORIA CASOTTEL

Das Restaurant liegt zwar ein gutes Stück außerhalb, aber die Anfahrt mit der U-Bahn lohnt sich: Signora Isa serviert das beste Mailänder Schnitzel der Gegend, und auch ihr »risotto all'ossobuco« ist unschlagbar. Im Sommer sitzt man im Garten. ▸ S. 19

con piselli« (Rindfleisch mit Erbsen). Oder man bestellt sich ein Glas Wein und einen Teller Schinken dazu – auch sehr lecker.
Sant'Ambrogio • Via Morigi 8 • Metro: Carioli, Sant'Ambrogio • Tel. 02 80 58 20 07 • www.taverna moriggi.com • Mo–Sa 12.30–14.30, 18.30–1 Uhr • €

Trattoria da Tomaso D 3

Authentisch • Das Haus ist von den umfangreichen Stadterschließungsmaßnahmen im Viertel Porta Nuova verschont geblieben, und so führen Paolo (nicht Tomaso) und seine Familie die Trattoria weiter wie gewohnt. Mittags sitzen Arbeiter aus der Gegend mit älteren Damen, die einen Spaziergang gemacht haben, an einem Tisch. Der Chef persönlich serviert Mailänder Klassiker zu Preisen von anno dazumal. Bezaubernd nostalgisch und bodenständig.
Garibaldi • Via G. de Castillia 20 • Metro: Porta Garibaldi • Tel. 0 26 68 80 23 • Mo–Sa 12–14.30 Uhr • €

PIEMONTESISCH
Non Solo Lesso F 4

Deftiges mit feinen Soßen • Das kleine Lokal wird von einer italienisch-albanischen Familie geführt, die Einrichtung ist rustikal und die Speisekarte ein wahres Eldorado für Fleischliebhaber: Das klassische »bollito misto« (gemischtes Gekochtes, ursprünglich aus dem Piemont) in Bestform: In den fleischreichen Eintopf kommt Rind, Rinderzunge, Fisch, Schweinefuß (»cotechino«) und Huhn, dazu gibt es Kräutervinaigrette (»salsa verde«) und andere raffinierte Soßen mit scharfem Senf, Meerrettich und Wurzelgemüse. Porta Venezia • Via Giuseppe Broggi 13, Eingang Ecke Via Redi • Metro: Lima • Tel. 02 36 53 34 40 • www.nonsololesso.it • tgl. 12–16, 18.30–24 Uhr • €€

PIZZA

Fabbrica Pizzeria B 7
Stylish in der Ex-Fabrik • Das Lokal residiert in einer ehemaligen Fabrik. Mit seiner einfachen Einrichtung aus Marmortischen und Holzstühlen versprüht es eine ganz eigene Atmosphäre, die ein bisschen an eine Kantine erinnert. Die knusprige Pizza ist mit den klassischen Zutaten belegt, viele mit leckerer Büffelmozzarella, eine auch mit Trüffel. Auf der Karte stehen außerdem Pasta-, Fisch- und Fleischgerichte. Im Sommer gibt es Tische im Freien. Navigli • Alzaia Naviglio Grande 70 • Metro: Porta Genova • Tel. 0 28 35 82 97 • www.fabbricapizzeria.it • tgl. 19.30–0.30 Uhr • €€

Pizzeria Napoli 1820 B 7
Original Pizza aus Neapel • Die im November 2014 eröffnete Pizzeria ist praktisch eine Zweigstelle des seit Jahren erfolgreichen Lokals in Neapel. Das Konzept: Original neapolitanische Küche für das gehobene Publikum. Sogar die frischen Zutaten der Saison kommen täglich aus der Hafenstadt im Süden. Das Ambiente des Lokals ist in den Tönen der Kunstwerke des neapolitanischen Künstlers Gennaro Regina gehalten. Seine Werke und die anderer junger Künstler sind im Lokal ausgestellt. Lecker auch die Gerichte mit handgemachten Nudeln, besonders die frischen Ravioloni! Navigli • Alzaia Naviglio Grande 62 • Metro: Porta Genova • Tel. 02 36 52 45 78 • www.napoli1820.it • tgl. 12–15.30, 19–24 Uhr • €€

Pizzeria Naturale D 3
Biozutaten • Die neu eröffnete Pizzeria im Neubauviertel Porta Nuova verwendet nur Zutaten aus biologischem Anbau. Das Ambiente ist stylish, die Pizza lecker und knusprig. Garibaldi • Via Gaetano de Castillia 24 • Metro: Garibaldi • Tel. 02 87 06 69 34 • www.pizzeria-naturale.it • tgl. 8–16, 19– 24 Uhr • €€

VEGETARISCH UND VEGAN

Osteria al 55 B 2
Originelle Gerichte • Das Ambiente erinnert an eine Bar aus den 1960er-Jahren, doch das Angebot auf der Speisekarte ist äußert innovativ. Michele und Carlo kreieren vegetarische Gerichte, die sie wie kleine Kunstwerke auf dem Teller anrichten, darunter viele vegane Varianten: »als wären es Calamari«, »vegetarische Austern« oder »Teigtaschen mit wildem Fenchel«. Unbedingt reservieren! Ghisolfa • Via Messina 55 • Tram: 14 (Via Cenisio/Via Messina) • Tel. 02 49 75 22 86 • www.osteriaal55.it • Mo–Fr 7.15–15.30, Di–Sa 20–24 Uhr • €€€

Im Officina 12 (▶ S. 34) am Naviglio Grande trifft man sich zu lombardischer Küche oder auch nur auf einen Cocktail an der Bar.

Ghea, Ristorante Vegetariano e Vegano   🔖 B 7

Kreativ vegan • Essen als gesundes Gesamtkonzept für Körper und Geist schreiben sich die Wirte dieses vegetarischen Restaurants auf ihre Fahne. Die Atmosphäre ist angenehm und elegant, die Tische sind mit Kerzen geschmückt. Serviert werden ausgewählte Kreationen, viel Veganes ist im Angebot. Mittags Buffet, abends von der Karte, etwa gedünstetes Saisongemüse (mit Mayonnaise von gelbem Ingwer, Zitronengelatine und Rettich).

Porta Genova • Via Valenza 5 • Metro: Porta Genova • Tel. 02 58 11 09 80 • www.gheavegetariano.it • Di–So 12–14.30, 19.30–23 Uhr • €€

La vecchia Latteria   🔖 D 6

Gemüse hausgemacht • Im kleinsten und ältesten Milchladen Mailands kann man an gerade mal sechs Tischen in familiärer Atmosphäre italienische Gemüse-Küche vom Feinsten genießen: Unschlagbar sind die kalten und warmen Vorspeisenplatten. Alles ist selbstgemacht, auch der Kartoffelteig für die Gnocchi. Das Gemüse kommt aus dem eigenen Garten der Besitzer. Einfach großartig!

Centro Storico • Via dell' Unione 6 • Metro: Duomo • Tel. 02 87 44 01 • Mo–Sa 10–18 Uhr • €

BARS UND CAFÉS

Bar Bianco   🔖 C 4

Relaxen im Grünen • Mitten im Parco Sempione warten unter blauen Sonnenschirmen zur Mittagszeit erfrischende Getränke, »panini«, Salate und mehr in entspannter Atmosphäre. Zum Aperitif trudeln Studenten und Angestellte ein. Das Buffet mit kalten und warmen Speisen ist auch lecker.

Sempione • Viale Enrico Ibsen 4 •
Metro: Lanza, Carioli • www.bar-
bianco.com • tgl. 10–18 Uhr, Mai–
Sept. bis 1 Uhr, Sa, So bis 2 Uhr

Bar Magenta   🔲 C 5

Jugendstil-Charme • Die Bar ist eine
Institution, der Stopp lohnt schon
wegen der originalen Einrichtung
aus dem 19. Jh. und der köstlichen
süßen Teilchen. Das Buffet zum
Aperitif bietet viele Kleinigkeiten:
Salate, Obst und Gemüse, leckere
Polenta, mit Käse überbacken.
Magenta • Via Giosué Carducci 13 •
Metro: Cordona • Tel. 02 8 05 38 08 •
barmagenta.jimdo.com • tgl. 8–2,
Sa, So ab 9 Uhr

Caffè Torino   🔲 D 6

Für den kleinen Hunger • Sand-
wich-Bar in Domnähe für den kleinen Snack zwischendurch, besonders lecker nach dem Essen: die
Kaffeekreationen etwa mit Schokolade und Peperoncino, mit Zimt, mit
Orange, Nutella oder Pistazien.
Centro Storico • Via Torino 49 •
Metro: Duomo • Tel. 0 28 69 33 07 •
www.caffetorino.it • tgl. 7–21 Uhr

Camparino in Galleria   🔲 D 5

Legendärer Aperitif • Hier wurde
1867 der Campari erfunden. Die
»aperitivo«-Bar ist legendär, schon
Verdi und die Callas zählten zu den
Gästen. Nach dem Shoppen gehört
ein Besuch zum Pflichtprogramm!
Der Campari wird mit Sodawasser
zubereitet und kommt hier nicht aus
dem berühmten runden Fläschchen.
Centro Storico • Galleria Vittorio
Emanuele II, Ecke Piazza Duomo 21 •
Metro: Duomo • Tel. 02 86 46 44 35 •
www.camparino.it • Di–So 7.15–
20.40 Uhr

Dolce & Gabbana
Martini Bar   🔲 E 5

Ein Hauch von Glamour • Diffuses
Licht zeichnet Punkte auf den
schwarz lackierten Tresen, der rot-
goldene Drache auf dem Mosaik-
boden zum Flagshipstore Dolce &
Gabbana Uomo suggeriert Kreativität. Das Ambiente ist – keine Frage
– inspiriert von Haute Couture und
Glamour. Nach den Modenschauen
im Hause Dolce & Gabbana kommen Models und Experten zur
Party, Naomi Campbell, Victoria
und David Beckham oder Eros Ra-
mazzotti waren schon unter den
Gästen. Ansonsten ist die Bar für die
Öffentlichkeit zugänglich und perfekt für einen Martini in der Shop-
ping-Pause.
Montenapoleone • Corso Venezia 15 •
Metro: San Babila • www.dolce
gabbana.com/martini • Mo–Sa
7.30–1 Uhr

El Brellin   🔲 C 7

»Stile milanese« • Schicke Mailänder kommen gern zum Aperitif mit
Blick auf den Kanal oder zum ge-
mütlichen Sonntagsbrunch. In den
hinteren Räumen kann man abends
leckere Mailänder Spezialitäten genießen.
Navigli • Alzaia Naviglio Grande 14 •
Metro: Porta Genova • Tel. 02 58 10
13 51 • www.brellin.com • tgl. 12.30–
15, Mo–Sa 18.30–1 Uhr

Princi   🔲 D 3, D 4, D 5, E 5

Kunstvolles Gebäck • Jahrelang lie-
ferte der Bio-Bäcker Princi für Armanis Nobelrestaurants die Brötchen und Backwaren. Heute hat er
fünf Filialen in der Stadt. Bestes Brot
und leckere Snacks frisch aus dem
Ofen, wie kleine Tartes oder Ba-

guettes. Auch das süße Gebäck ist ein Gedicht sowie die Focaccia und die Lasagne. Ein Hauch von Luxus zu mehr als akzeptablen Preisen. Garibaldi u. a. • Piazza XXV Aprile 5, Via Ponte Vetero 10, Via Speronari 6, Largo la Foppa 2, Corso Venezia 21 • www.princi.it • Mo–Sa 7 bis ca. 22.30, So ab 8 Uhr

10 Corso Como   D 3

Romantischer Innenhof • Carla Sozzani, die Schwester der ehemaligen Vogue-Chefin und Top-Modedesignerin, hat den außergewöhnlichen Concept Store (▶ S. 44) ins Leben gerufen. Im grün eingewachsenen Innenhof mit Laubengängen befindet sich die Bar des kreativen Areals. An Sommerabenden kann man bei einem Drink auf dem Dach des Gebäudes den tollen Blick auf die Skyline des neuen Stadtviertels Porta Nuova genießen.
Garibaldi • Corso Como 10 • Metro: Garibaldi • Tel. 02 29 01 35 81 • tgl. 11–1 Uhr

GOURMETRESTAURANTS

Cracco   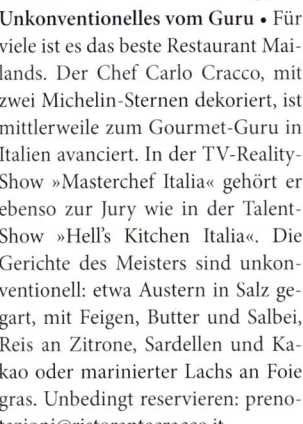 D 5

Unkonventionelles vom Guru • Für viele ist es das beste Restaurant Mailands. Der Chef Carlo Cracco, mit zwei Michelin-Sternen dekoriert, ist mittlerweile zum Gourmet-Guru in Italien avanciert. In der TV-Reality-Show »Masterchef Italia« gehört er ebenso zur Jury wie in der Talent-Show »Hell's Kitchen Italia«. Die Gerichte des Meisters sind unkonventionell: etwa Austern in Salz gegart, mit Feigen, Butter und Salbei, Reis an Zitrone, Sardellen und Kakao oder marinierter Lachs an Foie gras. Unbedingt reservieren: prenotazioni@ristorantecracco.it

Centro Storico • Via Victor Hugo 4 • Metro: Duomo • Tel. 02 87 67 74 • www.ristorantecracco.it • Mo–Sa 19.30–23, Di–Fr 12.30–14.30 Uhr • €€€€

🌱 Joia   E 4

Vegetarischer Gourmettempel • Europas einziges rein vegetarisches Sternelokal ist das Reich von Chefkoch Pietro Leemann, der 1996 mit einem Michelin-Stern ausgezeichnet wurde. Er verwendet ausschließlich Bio-Zutaten. Im Vordergrund steht unverfälschter Geschmack. »Gewaltfrei« nennt Leemann seine Küche. Passend zu seiner Philosophie dominiert eine zurückhaltende und natürliche Einrichtung das Lokal. Schon so mancher Fleischbegeisterte wurde mit Kreationen wie Parmesan-Trüffel-Fondue mit Broccoli, Walnüssen und Balsamico-Essig, »fleischfreier Foie gras«, Wintergemüse mit Mandel-Pesto oder geräucherten Ricotta-Würfeln mit Salbei vegetarisch bekehrt.
Repubblica • Via Panfilo Castaldi 18 • Metro: Porta Venezia, Repubblica • Tel. 02 29 52 21 24 • www.joia.it • Mo–Fr 12–14.30, Mo–Sa 19.30–23 Uhr • €€€€

Sadler   C 8

Regionale Varianten • Eines der bedeutendsten Gourmetrestaurants der Stadt. Das Ambiente ist hell und elegant, ganz »milanese«. Die kreative und akkurate Küche basiert auf der klassischen italienischen Regionalküche, die der Meister neu erfindet. Man kann etwa Spaghetti mit Gamberi-Pesto kosten oder Taube vom Grill an Lychee-Soße mit violetten Kartoffeln. Die Karte variiert thematisch nach Saison.

Navigli • Via Ascanio Sforza 77 • Metro: Porta Genova • Tel. 02 58 10 44 51 • www.sadler.it/ristorante sadler • €€€€

Al Pont de Ferr B 7

Kreatives am Kanal • Direkt an Mailands ältestem Kanal, dem Naviglio Grande, und der eisernen Brücke liegt das rustikale Sternelokal. Die Atmosphäre erinnert mit Papiersets auf den Holztischen an eine klassische Trattoria. Serviert werden aber ausgeklügelte Gerichte von höchster Qualität: Sashimi vom Rinderfilet, Foie gras mit Umeboshi-Pflaume und Sauce béarnaise etwa lassen die Geschmacksknospen explodieren.
Navigli • Ripa di Porta Ticinese 55 • Metro: Porta Genova • Tel. 02 89 40 62 77 • www.pontdeferr.it • €€€

PASTICCERIEN UND EISDIELEN
Cova E 5

Kaffee mit Fashionistas • Die 1817 gegründete Bar mit der klassizistischen Einrichtung hat ihren Sitz mitten im schicken Modeviertel. Eilige Modeinteressierte kehren auf einen Kaffee oder auch mittags zum Essen ein. Angeblich wurde hier das Weihnachtsgebäck »panettone« erfunden, frische Exemplare sind jederzeit im Angebot.

⭐ MERIAN Tipp

PASTICCERIA CUCCHI

Die Traditionsbar mit ihrem unvergleichlichen 1950er-Jahre-Charme ist seit 1936 eine Mailänder Institution. Beim Anblick der Süßigkeiten läuft einem das Wasser im Mund zusammen. Hektik ist hier fehl am Platz.   ▶ S. 19

Montenapoleone • Via Montenapoleone 8 • Metro: San Babila • Tel. 02 76 00 55 99 • www.pasticceriacova.it • Mo–Sa. 7.45–20.30 Uhr

🌿 Grom D 5

Natürliche Zutaten • Das leckerste Eis in der Gegend um den Dom. Nur mit natürlichen Zutaten täglich frisch, auch mit Früchten der Saison zubereitet. Unbedingt die Sorten »Marron Glacé« und »Zabaione« probieren.
Centro Storico • Via Santa Margherita 16 • Metro: Duomo • Mo–Do 12–23 Uhr, Sa, So 11–23 Uhr

Kevin & Victory's Bakery C 7

Bunte Cupcakes • In den idyllischen Hinterhöfen am Kanal Naviglio Grande kann man sich während einer kleinen Pause einen leckeren Cupcake schmecken lassen, u. a. in den Geschmacksrichtungen »Milla Vanilia«, »Nutella Mania«, »Strawberry-Chocolate« – die Entscheidung fällt wirklich schwer!
Navigli • Vicolo Lavandai 2A • Metro: Porta Genova • Tel. 33 19 96 82 75 • www.kevinandvictorysbakery.com/store • Di–Fr 12–19, Sa–So 10–19 Uhr

Pasticceria Biffi B 5

Trüffelparadies • In elegantem Ambiente serviert die Bar seit 1847 zum Kaffee die köstlichsten Schokoladentrüffel Mailands und jede Menge anderer süßer Leckereien.
Magenta • Corso Magenta 87 • Metro: Conciliazione • Tel. 02 48 00 67 02 • www.biffipasticceria.it • tgl. 6.30-20.30 Uhr

Pasticceria Marchesi C 5

Süße Varianten • Für einen Cappuccino und ein klassisches italienisches

Das Café Cova (▶ S. 40) ist der perfekte Ort, um sich nach einer Shoppingtour im Modeviertel ein Stück Torte zu gönnen.

Frühstückshörnchen ist die Traditionsbar der perfekte Ort. Immer lecker – und immer voll, aber das gehört ein bisschen zum Charme der Pasticceria. Zwischen den vielen kleinen »pasticcini« fällt die Wahl schwer, mit Waldfrüchten, mit Schokolade oder lieber kleine Creme-Fantasien im Töpfchen …?
Magenta • Via Santa Maria alla Porta 11a • Metro: Cordusio • www.pasticceriamarchesi.it • Di–Sa 7.30–20, So 8.30–13 Uhr

WEINBARS

Cantine Isola   C 3

Edle Tropfen • Das sympathische kleine Lokal ist eine Institution in Mailand. Es besteht seit über einem Jahrhundert und ist seit 20 Jahren in derselben Hand. Hier treffen sich Weinliebhaber und Interessierte. Unfassbar, wie viele Weinflaschen in das kleine urige Lokal passen. Man kann sich von jedem Wein, der ausgestellt ist, ein Gläschen bestellen. Die Kleinigkeiten, die dazu serviert werden, schmecken wunderbar. Bei schönem Wetter kann man draußen sitzen.
Chinatown • Via Paolo Sarpi 30 • Tram: 12, 14 (Via Bramante/Via Sarpi) • Tel. 0 23 31 52 49 • Di–So 10–22 Uhr

N'Ombra de Vin   D 4

In historischen Mauern • Die Enoteca befindet sich seit 1973 im ehemaligen Refektorium der Augustinermönche. Cristiano Corà sucht, wie schon sein Vater, Schätze bei kleinen exklusiven Weingütern. Fast 3000 Weine kann man verkosten, dazu gibt es kleine Leckereien. Im Sommer stehen die Mailänder auch gern mit ihrem Glas vor der Tür.
Brera • Via San Marco 2 • Metro: Moskova • Tel. 0 26 59 96 50 • www.nombradevin.it • tgl. 10–2 Uhr

Einkaufen

Mode vom Laufsteg, Lampen oder Küchenaccessoires vom
Stardesigner? Wer etwas Angesagtes sucht, wird in der
Trend-Metropole garantiert fündig.

◄ In Geschäften und auf Märkten findet man schöne Antiquitäten (► S. 43).

Amerikanische Präsidenten tragen Krawatten aus Mailand, Hollywoodstars Stilettos von Salvatore Ferragamo. Design und Mode gehören zu Mailand wie Papst und Petersdom zu Rom. Die Haute Couture von Armani, Gucci oder Prada, die allesamt im »Goldenen Viereck der Mode« ihre Flagshipstores haben, verlockt auf jeden Fall zu einem Schaufensterbummel, auch wenn die Modelle für die meisten unerschwinglich sein dürften. Und die älteste Einkaufspassage der Welt, die **Galleria Vittorio Emanuele II** , lohnt schon wegen der atemberaubenden Architektur eine Stippvisite.

Für Modebewusste und Genießer

Doch auch mit schmalerem Budget lässt sich Außergewöhnliches entdecken. Etwa in den Boutiquen im schicken Viertel Brera oder auf dem Corso Buenos Aires, wo sich die Geschäfte der Weltmarken aneinanderreihen. In der Via Torino sind die großen Marken italienischer und internationaler Hersteller vertreten, ausgefallen gestaltete Läden von Trendmarken sind um die Porta di Ticinese zu finden. Schicke Schuhe und edle Taschen gibt es in der Via Solferino.
Oder man begibt sich auf eine Outlet-Shoppingtour, dort ist oft alles aus der letzten Kollektion um 70 % günstiger. Die besten Monate zum Shoppen sind Juli und Januar nach den Feiertagen – da purzeln die Preise im Schlussverkauf, denn die nächste Fashion Week steht schon vor der Tür.

Ein echtes Highlight sind die Feinschmeckerläden, allen voran der Gourmettempel **Peck** mit Pasta, Pasteten, Wein und allem, was Genussmenschen sonst noch begehren.

ANTIQUITÄTEN
Antichità San Marco 🔖 D 4
Antike Möbel, Lampen und viele ausgesuchte Accessoires.
Brera • Via San Marco 26 • Metro: Moskova

Mercatino di Brera 🔖 D 4
Porzellan, Glas, Bilder, Drucke, antiker Schmuck und Uhren: Im Künstlerviertel Brera bieten Händler in den Fußgängergassen zwischen der Pinacoteca Brera und der Kirche Santa Maria del Carmine jede Menge Objekte aus vergangenen Zeiten an.
Brera • Via Fiori Chiari, Via Madonnina, Via Formentini • Metro: Lanza • jeden 3. Sonntag im Monat

Mercatone dell'Antiquariato sul Naviglio Grande 🔖 C 7
An über 400 Verkaufsständen des Antiquitätenmarkts entlang der Kanäle finden sich antike Möbel, Accessoires und Vintage-Mode. Der Markt ist beliebt, die vielen Essensstände heben die Laune zusätzlich.
Navigli • Alzaia Naviglio Grande • Metro: Porta Genova • www.mercatonedellantiquariato.mi.it • letzter So im Monat 9–18 Uhr

BÜCHER
Feltrinelli Red 🔖 D 3
Brandneue Zweigstelle der traditionellen Buchhandlung Feltrinelli, die zur Hälfte als Restaurant fungiert. Zur Mittagspause kommen Angestellte aus den umliegenden Bürogebäuden der futuristischen Wolken-

kratzer und speisen Pasta mit Sugo vom Wochenmenü zwischen Manzoni und Dante. Sehr inspirierend.
Garibaldi • Piazza Gae Aulenti • Metro: Stazione Centrale

Hoepli D 5
Die internationale Buchhandlung führt viel fremdsprachige Literatur, darunter auch deutsche Titel.
Montenapoleone • Via Hoepli 5 • Metro: Duomo, San Babila

Mondadori Megastore D 5
Das Multicenter, wie sich die riesige Buchhandlung selbst betitelt, bietet Bücher, Spiele, Musik und ein Café.
Centro Storico • Piazza Duomo 1 • Metro: Duomo • www.mondadori store.it

CONCEPT STORES
10 Corso Como D 3
Carla Sozzani, Schwester der langjährigen Chefin der italienischen »Vogue«, Franca, verkauft in ihrem Laden alles, was ihr gefällt. Ein Besuch gehört für Moderedakteurinnen während der Modewochen zum Pflichttermin. Teile aller neuen Designerkollektionen sind hier ebenso vertreten wie heiße Lifestyle-Trends.
Garibaldi • Corso Como 10 • Metro: Garibaldi • www.10corsocomo.com

Excelsior Milano D 5
Die Kaufhauskette Coin hat in Zusammenarbeit mit dem Stararchitekten Jean Nouvel ein ehemaliges Kino in ein edles Shopping-Mekka verwandelt. Auf sieben Etagen befinden sich ein Hightech-Elektroladen, Designermode vom Feinsten und eine Delikatessenabteilung. Im Bistro schwingt einmal pro Woche ein Starkoch den Kochlöffel.

Porta Genova • Galleria del Corso 4 • Metro: Porta Genova • www.excelsior milano.com

Spazio Rossana Orlandi B 5
In einer ehemaligen Fabrik hat die Designerin Rossana Orlandi eine wahre Raritätensammlung an Vintage-Teilen und aktuellen Einrichtungsgegenständen wie Lampen und Accessoires in limitierter Auflage von jungen aufstrebenden Künstlern aus der ganzen Welt installiert. Galerie, Designstore und Café in einem.
Magenta • Via Matteo Bandello 14 (Eingang über den Hinterhof, läuten) • Metro: Conciliazione, Sant'Ambrogio • www.rossanaorlandi.com • Mo Vormittag und So geschl.

Wait and See C 6
In dem Concept Store von Uberta Zambeletti sorgen verschiedene Kulturen – von Finnland über Kalifornien bis Peru – für das Angebot. Richtig ist hier, wer Außergewöhnliches sucht, ob Kleidung, Accessoires oder Vintage-Teile, und dabei in Ruhe eine Tasse Kaffee oder Tee trinken möchte.
Magenta • Via Santa Marta 14 • Metro: Missori • www.waitandsee.it • Mo Vormittag geschl.

DELIKATESSEN
Eataly D 3
Der Shoppingtempel für Gourmets, den es inzwischen in 27 Städten weltweit gibt, hat in Mailand seine Adresse im ehemaligen Teatro Smeraldo. Das Kaufhaus für ausschließlich italienische Köstlichkeiten bietet etwa Fleisch aus dem Piemont, Fisch aus einheimischen Gewässern, Parmaschinken sowie alle typischen und weniger bekannten Käsesorten,

Lauter italienische Köstlichkeiten zum Verkauf und zum Verzehr bietet Eataly (▶ S. 44) – ein Eldorado für Gourmets.

Wein, Balsamico-Essig und verschiedene Sorten von Olivenöl. In mehreren Bars und Selbstbedienungsrestaurants kann man den kleinen Hunger gleich mit ein paar leckeren Happen stillen. In der oberen Etage befindet sich ein Sternerestaurant mit Panoramablick auf Mailand.
Garibaldi • Piazza XXV Aprile • Metro: Porta Garibaldi

La Baita del Formaggio　🟧 B 6

In dem traditionsreichen Geschäft ist seit je alles dem Käse gewidmet: vom Parmesan über den Trüffelbrie bis hin zu Käseeis – über 300 typische Käsesorten aus der ganzen Welt, 50 davon werden im Haus hergestellt. Abends kann man draußen an den Tischen zum Aperitif Platz nehmen, Freitagabend ist das Motto »sushi cheese«, mit Käseröllchen anstelle von Fisch.

Sant'Ambrogio • Via Foppa 5 • Metro: Sant'Agostino • www.labaita delformaggio.it/negozio.php • tgl. 8.30–0.30 Uhr

⭐ Peck　🟧 D 5

Delikatessen aus ganz Italien wie »prosciutto crudo« und Pasta in allen erdenklichen Varianten – ein Schlaraffenland! An der Theke mit den Pasteten kommt man auf keinen Fall vorbei und an der mit den Meeresfrüchten eigentlich auch nicht! Auf 4000 m² in drei Stockwerken liegt alles in Vitrinen und Regalen, was sich Feinschmecker wünschen können: In der Peck Italian Bar und dem Ristorante Al Peck kann man Verschiedenes probieren, zudem gibt es eine Etage nur mit »dolci« (Desserts). 1883 wurde der Gourmettempel von einem Einwanderer aus Prag eröffnet und ist bis heute eine feste Größe in Italiens kulinarischen Adressen.

Das Familienunternehmen Prada (▶ S. 47) ist eine Mailänder Institution mit einer über hundertjährigen Geschichte.

Centro Storico • Via Spadari 9 • Metro: Duomo • www.peck.it

Tartufi & Friends   █ E 5
Eine Trüffel-Lounge – was sagt man dazu! Die Neueröffnung mitten im Karree der Mode ist eine Kombination aus Restaurant und Luxusgeschäft. Thema: Trüffel! Eine kleine Kostprobe lohnt sich, vielleicht von der Trüffel-Kartoffel-Creme.
Montenapoleone • Corso Venezia 18 • Metro: San Babila • www.tartufiand friends.it

DESIGNERMODE
Armani   █ D 5
Der Streifzug durch Armanis monumentale, auf 6000 m² puristisch gestaltete Verkaufsfläche ist beeindruckend. Das Sushi-Restaurant hat sich Giorgio angeblich zum 25-jährigen Dienstjubiläum gegönnt. Unten gibt es eine schicke Bar, sonst Kleider,

Schuhe, Bücher, Wohnaccessoires, Blumen, Pralinen – alles mit dem Designerlogo – und jede Menge hippe Kunden.
Montenapoleone • Via Alessandro Manzoni 31 • Metro: Montenapoleone • www.armani.com

Bottega Quattro   █ D 5
Im Herzen des noblen Brera-Viertels bietet diese Boutique junge, coole Mode internationaler Labels. Abgefahren ist auch die Einrichtung mit Art-déco-Lampen und umfunktionierten Beichtstühlen als Umkleidekabinen.
Brera • Via Arco 1 • Metro: Lanza, Carioli • www.bottegaquattro.com

CoSTUME NATIONAL   █ D 3
Jackett und Hose aus Goldstoffen und andere Modelle des Designers Ennio Capasa gibt es in dieser Boutique auf zwei Stockwerken im mini-

malistischen Industriedesign in einer Seitenstraße vom Corso Como.
Garibaldi • Via Vincenzo Capelli 5 •
Metro: Porta Garibaldi

Cavalli e Nastri D 5

Eine Chanel-Tasche oder ein Yves-Saint-Laurent-Kleid zu einem akzeptablen Preis? Claudia Jesi, die Pionierin der Vintage-Mode in Mailand, hat einen Kultladen für Trendsetter und Modejournalisten geschaffen. Auf jeden Fall ist er eine Quelle der Inspiration, mal etwas ganz anderes zu tragen. Vieles Stücke stammen auch aus den 1930er- bis zu den 1980er-Jahren. Ebenfalls im Angebot: Einzelteile unbekannter Designer.
Brera • Via Brera 2 • Metro: Montenapoleone • www.cavallienastri.com

Miu Miu E 5

Das kleinere Label des Hauses Prada ist die preiswerte Marke für junge Frauen. Miuccia Prada ließ sich bei Stil und Design von ihrer eigenen Garderobe inspirieren, die sie als junge Frau trug, so sind Muster und Drucke wild und ausgeflippt.
Montenapoleone • Via Sant'Andrea 21 • Metro: Montenapoleone

Prada E 5

Die Showrooms der italienischen Kultmarke wecken schon beim Blick in die Schaufenster Begehrlichkeiten.
Montenapoleone • Via della Spiga 18 •
Metro: Montenapoleone

Vivienne Westwood E 5

Schrill, punkig, abgefahren – die Britin macht ihrem Ruf als nonkonformistische Modemacherin alle Ehre und präsentiert zu jeder Saison neue unkonventionelle Modelle.
Montenapoleone • Corso Venezia 25 •
Metro: Montenapoleone

EINRICHTUNG

Alessi D 5

Der beeindruckende Flagshipstore des italienischen Kultdesignerlabels führt eine edle Auswahl an Kaffeemaschinen und anderen Küchen-Accessoires namhafter Designer, vom Eierbecher über Kochtöpfe und Gläser bis zum Messerset.
Montenapoleone • Via Manzoni 14/16 •
Metro: Montenapoleone • www.alessi.com

Danese Milano D 6

Die Produktpalette umfasst die Kategorien Wohnen, Arbeiten und besonders: Licht! Das Unternehmen versteht sich als ein Kreativlabor für ein experimentierfreudiges, internationales Designerteam. Mit puristischer Formensprache kreieren die Verantwortlichen funktionelle Einrichtungsgegenstände.
Sant'Ambrogio • Piazza San Nazaro in Brolo 15 • Metro: Crocetta • www.danesemilano.com

La Tavola di Via Melzo F 4

Einrichtungshaus mit Designerware rund um den Tisch aus aller Welt, u. a. von Mikasa, Royal Bone China, Royal Porcelain, Bugatti, Atlantis, Livellara, Alter et Ego, Tramontina – vom Messer über Gläser bis zur Tischdecke.
Porta Venezia • Via Melzo 34 • Metro: Porta Venezia

Lisa Corti E 4

Decken, Tischdecken und Kissen – alles bunt mit einem Hauch von Orient. Lisa Corti wurde in Äthiopien geboren und reiste häufig nach

Indien. Die Stoffe und leuchtenden Farben begeistern sie noch immer: Die Produkte werden nach einer alten Technik von Hand bedruckt.
Porta Venezia • Via Lecco 2 • Metro: Porta Venezia • www.lisacorti.com

Nilufar　　■ E 5
Lampen, Betten, Möbel und Regale, alles im Stil der 1930er- bis 1960er-Jahre, und dazu aktuelles Möbel- und Interiordesign. Die Showrooms der italienisch-iranischen Designerin Nina Yashar sind ein Erlebnis, eigentlich ist der Laden eher eine Galerie. Während früher nur limitierte Stückeditionen verkauft wurden, gibt es neuerdings mit Nilufar Unlimited eine in Serie gefertigte Kollektion.
Montenapoleone • Via della Spiga 32 • Metro: Montenapoleone • www.nilufar.com • Mo erst ab 15 Uhr

GESCHENKE

DB Living　　■ E 3
Originelle kleine und große Geschenke von Designern, Nützliches für die Küche oder Witziges für Individualisten, zum Teil sogar günstig.
Repubblica • Via Vittor Pisani 6 • Metro: Repubblica • www.DB living.com

Pasticceria Pavè　　■ E 3
Das klassische Weihnachtsgebäck »panettone«, ein Mailänder Original, wird hier fast das ganze Jahr über hergestellt. Die Produktion geht nach Ostern los. Die Entstehung des süßen Werks aus weichem Teig, kandierten Früchten und getrockneten Trauben kann man sogar durch eine Scheibe beobachten.
Repubblica • Via Felice Casati 27 • Metro: Repubblica

Rigadritto　　■ D 5
Jede Menge kleiner witziger Accessoires rund um das Thema Schule und Schreibtisch, kleine Geschenke, Fingerpuppen und mehr.
Brera • Via Brera 6 • Metro: Montenapolenoe

KAUFHÄUSER

Coin　　■ E 6
Preiswerte und trendige Mode, Schuhe, Taschen und andere Accessoires. Unter den Marken sind auch Desigual, Esprit und Patrizia Pepe. In der obersten Etage des Kaufhauses wartet das Restaurant & Lounge Globe mit exquisiten Leckereien auf.
Porta Romana • Piazza 5 Giornate • Metro: Porta Romana, Tram: 12, 23, 27 • www.globeinmilano.it

La Rinascente　　■ D 5
Mailands berühmtes High-End-Kaufhaus. Jedes der acht Stockwerke lädt mit den nobelsten Marken von Armani bis Zadig & Voltaire zu einer kleinen Sightseeingtour ein. Besonders die Delikatessenabteilung verdient es, näher unter die Lupe genommen zu werden. Und das Schönste kommt ganz oben: Auf der Dachterrasse in der Bar Milan kann man direkt auf der Höhe der Zuckerbäckerspitzen des Mailänder Doms einen Kaffee oder einen Aperitif genießen.
Centro Storico • Piazza Duomo • Metro: Duomo • www.rinascente.it

UPIM　　 F 4
Die älteste Kaufhauskette Italiens: Kleidung, Haushaltswaren, Spielzeug und Süßigkeiten – hier gibt es alles günstig.
Mehrere Filialen u. a. Corso Buenos Aires 21 • www.upim.it

FÜR KINDER

Amanita D 3

Kleiner Concept Store in der Nähe des Öko-Wolkenkratzers Bosco Verticale (▸ MERIAN Tipp, S. 20) mit Modellen verschiedener unabhängiger Designer, z. B. Schühchen von Francesca Trezzi. Für die Mütter gibt es unkonventionellen Schmuck. Jeden Monat wird ein neuer Designer vorgestellt.

Isola • Via Federico Confalonieri 21 • Metro: Garibaldi, Isola

Baby Boom   B 6

Für Kinder von 0 bis 14 Jahren bekommt man hier Kinderwagen, Kleidung, Schuhe – alles gebraucht. Darunter finden sich auch viele Edelmarken. Ein Cardigan von Ralph Lauren vielleicht?

Tortona • Via Savona 2 • Metro: Sant' Agostino • www.babyboommilano.it

Il mondo è piccolo

▸ Familientipps, S. 63

KOSMETIK

Profumo   D 5

Schicke Parfümerie, Kosmetikprodukte mit Naturstoffen, Le Labo aus New York, Yovoy aus Paris, edle Parfümmarken: u. a. Frédéric Malle, Le Galion, Lorenzo Villoresi aus Florenz und Maison Francis Kurkdjian.

Brera • Via Brera 6 • Metro: Montenapoleone • www.profumomilano.com

Ylang Ylang   C 6

Eine erstaunliche Auswahl an Düften aus der ganzen Welt und ein hochkarätiges Angebot an Kosmetika. Dazu ein Beauty-Salon, in dem man sich sehr individuell verwöhnen lassen kann, mit Ölmassagen und Fangopackungen.

Sant'Ambrogio • Via Ausonio 16, Ecke Via Ariberto • Metro: Sant'Agostino • www.ylangylang.it

KRAWATTEN

Andrew's Ties   D 5

Die Mailänder Kultmarke bietet eine große Auswahl an Seidenkrawatten im klassisch-eleganten Stil.

Centro Storico • Galleria Vittorio Emanuele II • Metro: Duomo • www. andrewsties.com

MÄRKTE

Mercati della Terra   C 3

Alle Arten von Käse, Salami, Wein, Olivenöl und Brot von Bauern aus der Umgebung findet man hier. Ein wahres Feinschmeckerparadies – schließlich liefern einige dieser Bauern an den Gourmet-Guru Cracco!

Ghisolfa • Via Giulio Procaccini 4, Fabbrica del Vapore • 1. und 3. Sa im Monat 9–14 Uhr

Mercato di Papiniano   B 6

Eigentlich ist dies ein ganz normaler Flohmarkt, aber an den Stangen hängen Prada, Gucci, Versace – eine super Gelegenheit, ein heißes Designerteil zum Schnäppchenpreis zu ergattern.

Sant' Ambrogio • Viale Papiniano • Metro: Sant'Agostino • Sa 10–18 Uhr

MUSIK

Dischi Volanti   B 7

CDs, Vinyl und Bücher, neu oder gebraucht, lassen sich hier erwerben: Tom Waits, Led Zeppelin, The Doors, The Beatles, The Rolling Stones, aber auch Jazz und Klassik sowie italienische Liedermacher wie Fabrizio de André.

Navigli • Ripa di Porta Ticinese 47 • Metro: Porta Genova

OUTLETS

Corso Como Outlet C 3

Kein großes Schild weist auf dieses Schnäppchenparadies hin, doch vor der Tür sieht man bereits die edlen Teile hängen. Ware aus der letzten Saison aus dem Modetempel von Carla Sozzani mit bis zu 50 % Rabatt. Schmuck und Taschen gibt es ebenfalls, dazu kleine Accessoires schon ab 5 €.
Garibaldi • Via Tazzoli 3 • Metro: Garibaldi

DMAGAZINE D 4

Unter den angebotenen Designern für Herren und Damen sind große Namen. Kleidung und Schuhe zu Outletpreisen mitten im »Goldenen Viereck«.
Montenapoleone • Via Manzoni 44 • Metro: Montenapoleone • www.dmagazine.it

Il Salvagente F 5

Die Adresse der Mailänder: Von Armani über Dolce & Gabbana, Prada, Valentino bis zu YSL sind alle großen Designermarken zu sensationellen Preisen vertreten.
Porta Vittoria • Via Fratelli Bronzetti 16 • www.salvagentemilano.it • Mo erst ab 15 Uhr geöffnet

L'Emporio Isola B 3

In dem ehemaligen Fabrikgebäude sind alle großen Designermarken für Herren und Damen versammelt und mit bis zu 60 % Preisnachlass zu haben. Im Sommer und Frühjahr kann man hier Bikini- und sonstige Bademodenschnäppchen machen.
Sempione • Via Prina 11 • Metro: Moscova oder Cimitero Monumentale • www.emporioisola.it • auch So geöffnet

Salvagente Bambini F 4, A 3

Gleich neben dem regulären Outlet Salvagente ist das Outlet für Kinder und Jugendliche bis zu 16 Jahren angesiedelt. Hochkarätige Marken wie Kenzo, Kickers, Ralph Lauren oder Timberland mit bis zu 50 % Rabatt.
Porta Vittoria • Via G. Balzaretti 15, weitere Filiale in der Via Arona 4, unweit des Cimitero Monumentale • www.salvagentebimbi.com

SCHMUCK

Pellini C 5

Die Geschäfte von Donatella Pellini gehören zu den Top-Adressen für edle, ausdrucksstarke Schmuckstücke. Hauptsächlich verwendet die Künstlerin Materialien wie Halbedelsteine, Harze und Kupfer.
Sant'Ambrogio • Via Morigi 9 • Metro: Sant'Ambrogio • weitere Filialen: Via Manzoni 20, Corso Magenta 11 • www.pellini.it

Ziio D 3

Die Designerin Elisabeth Paradon verkauft ihre einzigartigen Kreationen, inspiriert unter anderem vom alten Ägypten, in ihrem neu eröffneten minimalistischen Laden. Neben Schmuck sind auch Taschen und Schals im Angebot. Die handgefertigten Stücke kosten ab 200 €.
Garibaldi • Via Gaetano di Castillia 20 • Metro: Isola • www.ziio.eu

SCHUHE

Passi Italiani C 6, F 3

Stiefel, Pumps, Bikerschuhe, Ballerinas – in zwei Filialen stehen viele schicke Modelle zu akzeptablen Preisen zur Auswahl.
Centro Storico • Via Torino 53 und Piazza Lima 1 • Metro: Duomo • www.passiitaliani.it

Die farbenfrohen Stoffe im Laden von Lisa Corti (▸ S. 47) werden bis heute nach einer uralten Handwerkstechnik bedruckt.

Salvatore Ferragamo E 5

Salvatore Ferragamo stattete schon Leinwandschönheiten mit Schuhen aus, für Audrey Hepburn erfand er die Ballerinas. Seine Modelle stehen für Luxus und Glamour, ob Highheel-Pumps oder schlichte Leder-Loafers, ebenso die Handtaschenkollektion vom Shopper bis zur Bucket-Bag. Im Laden findet man inzwischen auch tragbare Mode. Montenapoleone • Via Montenapoleone 3 • Metro: Montenapoleone • www.salvatoreferragamo.com

TASCHEN

Carpisa F 4

Günstige Taschen und Accessoires in italienischem Design, viermal im Jahr kommt eine neue Kollektion heraus. Die meisten, aber nicht alle Modelle sind für Damen. Buenos Aires • Corso Buenos Aires 28 • Metro: Lima • www.carpisa.it

De Wan D 4

Die Turiner Luxusmarke bietet Taschen und Accessoires, darunter auch einige preisgünstigere Modelle, Montenapoleone • Via Manzoni 44 • Metro: Montenapoleone

WÄSCHE

Intimissimi D 6

In den Filialen der italienischen Dessousmarke findet man tolle Sonderangebote für hochwertige Wäsche. Centro Storico • Via Torino 52 • www. intimissimi.com

La Perla E 5

Edle Verzierungen und samtweiche Materialien überzeugen an den Dessous der italienischen Top-Lingerie-Marke. Immer verführerisch, aber selten günstig. Montenapoleone • Via Montenapoleone 1 • Metro: Montenapoleone • www.laperla.com

Am Abend

Einmal Verdi in der großen Scala genießen oder im
angesagten Indie-Club den neusten Sound entdecken?
Mailands Kulturangebot lässt keine Wünsche offen!

◄ Im Scimmie (▸ S. 58) im Ausgehviertel Navigli wird oft Jazz gespielt.

Schon beim Start in den Abend hat
man die Qual der Wahl: einen »aperitivo« im schicken Just Cavalli?
Vielleicht kann man dort einen Blick
auf eine berühmte Laufsteg-Schön-
heit erhaschen. Oder lieber in die
coole Cocktail-Bar Pinch – Spirits &
Kitchen an den Kanälen? Die Mailänder wechseln gern von einem
Lokal ins andere. Ob Banker, Kreative oder Bonvivants, jede Gruppe
hat ihre Hotspots. Der Bezirk Navigli um die Kanäle im Südwesten
der Stadt bis zur Porta Ticinese ist
das Revier der Jungen und Kreativen. Nördlich des Doms um die
Brera-Gemäldegalerie treffen sich
die gut situierten kunstinteressierten
Mailänder.

Kultur vom Feinsten

Mailands Kulturszene bietet viel, der
Theaterliebhaber wird ebenso fündig wie der an Avantgarde Interessierte. Fast ein Muss ist ein Besuch in
der Scala. Klassik-Fans können sich
auf ein großes Angebot freuen, Live-
Jazz ist im Blue Note unvergesslich,
und der Kult-Club Plastic ist die
Adresse für Nachtphilosophen.
Das ganze Jahr über finden kleinere
Festivals statt, im Juli viele Jazz-,
Theater- und Tanzveranstaltungen.
Infos bei den Touristeninformatio-
nen, wo man auch den Veranstal-
tungskalender »Milanomese« erhält,
oder unter www.hellomilano.it.

BALLETT
**Scuola di ballo del Teatro
alla Scala**   C 6
Das klassische Ballett ist in Mailand
in der Scala zu Hause. Die Schüler

der Akademie treten das ganze Jahr
über auch in verschiedenen Locations, Kirchen und anderen Thea-
tern in Mailand auf. Das komplette
Programm findet sich unter www.
accademialascala.it/en
Sant'Ambrogio • Via Santa Marta 18 •
Metro: Missori • Tel. 02 85 45 11

BARS
Bar Brera   D 4
Mitten im schicken Brera-Viertel
gibt es zum Aperitif leckere Caipis
und andere Cocktails, dazu ein recht
großes, schmackhaftes Buffet. Auch
für Vegetarier ist etwas dabei.
Brera • Via Brera 23, Ecke Via Fiori
Chiari • Metro: Montenapoleone •
tgl. 7–3 Uhr

Bar Cuore   C 6
Die Atmosphäre ist romantisch, die
Einrichtung auf jeden Fall außer-
gewöhnlich: eine große Couch in der
Ecke, schräge Accessoires, teilweise
retro, bunt, aber auch heimelig.
Manche nennen es kitschig, andere
kuschelig. Künstler und sonstige
Kreative kommen gern zum Aperitif.
Leckere Drinks, u. a. »Rumcooler
mit Orange«, gutes Buffet, gelegent-
lich DJs, machmal Liveauftritte.
Sant'Ambrogio • Via Gian Giacomo
Mora 3 • Metro: Sant'Ambrogio •
Tel. 02 58 11 83 11 • www.cuore
milano.it • tgl. 18–2 Uhr

Cape Town Café   C 7
Treffpunkt der jungen Kreativen
im Ausgehviertel Navigli. Besonders
im Sommer versammeln sich eine
Menge junger Leute vor der Tür, mit
Cocktailgläsern in der Hand. Beliebt
sind Wodka Gimlet, Mojito und
Bloody Mary, angeblich die beste in
der Stadt.

Die Frida Bar (▸ S. 54) lockt nicht nur zum ausgezeichneten Brunch am Wochen-ende ins innovative Viertel Isola.

Navigli • Via Vigevano 3 • Metro: Porta Genova • Tel. 02 89 40 30 53 • Mo–Sa 7–2, So 18.30–2 Uhr

Frida Bar
▮ D 2

Versteckt hinter einem großen Graffito im neu gestalteten Stadtviertel Isola, überrascht die Bar mit einem schönen Innenhof, leckeren Aperitifs und einem entspannten Publikum. Samstag und Sonntag wird hier ein großartiger Brunch serviert.
Isola • Via Pollaiuolo 3 • Metro: Isola • Tel. 02 68 02 60 • www.fridaisola.it • Mo–Fr 10–15, 18–2, Sa 16–2, So 12–1 Uhr

Jamaica
▮ D 4

Die Bar im Künstlerviertel Brera verdankt ihren Namen dem Hitchcock-Film »Jamaica Inn« (dt. Titel: »Riffpiraten«). Seit je besucht von Künstlern, Architekten und Modejournalisten, inzwischen auch von Schülern der nahe gelegenen Kunstakademie und Kunsthandwerkern.
Brera • Via Brera 32 • Metro: Lanza • Tel. 02 87 67 23 • www.jamaicabar.it • tgl. 9–2 Uhr

Kineo
▮ B 3

Schräge, stylishe Bar mit abgefahrenem Interieur: Die Farbe Schwarz dominiert. Die Wände sind aus Marmor, ein Kamin hinter Glas. Freitag und Samstag legt ein DJ coole Musik auf.
Ghisolfa • Via Piero della Francesca 54 • Metro: Monumentale, Tram: 12, 19 • Tel. 02 34 26 27 • www.kineocafe.it • tgl. ab 19 Uhr

CLUBS

Alcatraz
▮ C 2

In einem renovierten Fabrikgebäude befindet sich einer der großen Clubs der Stadt. Es gibt zwei Tanzflächen, zwei Bühnen, drei Bars und eine

Kneipe; bis zu 2000 Personen tummeln sich hier bisweilen. Im Programm sind Konzerte und andere Live-Events.
Zara • Via Valtellina 25 • Metro: Maciachini, Tram: 3, 4, Bus: 41, 46, 51, 52, 70 (Farini/Stelvio) • Tel. 02 69 01 63 • www.alcatrazmilano.it

Armani Privé D 5
Glamour-Atmosphäre, ein bisschen kosmopolitisches Flair wie in New York und ein Hauch von Eleganz wie in Shanghai. Die Einrichtung ist minimalistisch, das Publikum international. Auch Stars und Sternchen lassen sich öfter in dem Laden blicken. Mittwochs gibt es House und Hip-Hop, donnerstags Funky House, freitags internationalen Sound und samstags Tech House. Strenger Türsteher!
Montenapoleone • Via Posoni 1 • Metro: Montenapoleone • Tel. 02 62 31 26 55 • Mi–Sa ab 23 Uhr

Hollywood D 3
Seit der Eröffnung 1986 ist die Diskothek ein In-Treffpunkt für ein Glamour-Publikum, Models und Designer, besonders während der Modewochen. In der »Hall of Fame« sind Spike Lee, Cindy Crawford, Naomi Campbell und viele andere mehr verewigt. Donnerstags ist »Cool Thursday«: Party ab 23 Uhr. Sonntag ist der beliebteste Abend, mit Musik von Rock über Hip-Hop bis Dance.
Garibaldi • Corso Como 15 • Metro: Garibaldi • www.discotecahollywood.com • Mo geschl.

Just Cavalli Club C 4
Kristalllüster, bequeme Sofas mit Leoparden-Prints, Kissen, tropische

⭐ **MERIAN Tipp**

PINCH – SPIRITS & KITCHEN
Barmann Mattia Lissoni serviert fantasievolle Cocktails. Die Atmosphäre ist klassisch und sehr cool. In erster Linie trinkt man hier, auch wenn der Zusatz »& Kitchen« natürlich bedeutet, dass man auch etwas essen kann. ▶ S. 19

Fische, die in riesigen Weinkelchen schwimmen – die Einrichtung macht dem Stardesigner Roberto Cavalli alle Ehre. Ab 23 Uhr gibt es im Club Drinks und Tanz zu DJ-Musik. Im Sommer kann man den Aperitif im wunderschönen Garten genießen. Das VIP-Lokal liegt schließlich mitten im Parco Sempione unter dem Turm Torre Branca.
Sempione • Via Luigi Camoens/Torre Branca • Metro: Cadorna • Tel. 02 31 18 17 • milano.cavalliclub.com/en • tgl. ab 19 .30 Uhr

Nepentha D 6
Der Privatclub für Szene-Mailänder ist seit 1969 die Location der Reichen, Schönen und Kreativen. Vor Mitternacht gibt es vorzügliche Küche in gediegener Atmosphäre, nach Mitternacht legen DJs auf.
Centro Storico • Piazza Diaz 1 • Metro: Duomo • Tel. 0 28 04 83 77 • www.nepenthaclub.com • Fr, Sa 20–4 Uhr

Plastic E 8
Locations kommen und gehen, aber das Plastic, seit 2012 mit neuer Adresse, bleibt der Avantgarde treu, praktisch vergleichbar mit dem einst legendären Studio 54 in New York City. Madonna, Elton John, Andy Warhol, Freddie Mercury,

Prince waren hier alle schon auf der Tanzfläche. Kreative Konzepte, grelle Neonlichter und ein exotisches Publikum aus Fashionistas, Transsexuellen und Nachtphilosophen machen das einzigartige Flair aus. 2014 erschien sogar ein Film: »This is Plastic. Il documentario« über 30 Jahre Kult.

Porta Romana • Via Gargano 15 • Metro: Brenta • Fr und Sa ab 23 Uhr

Pub Agharti   C 7

Bei den Mailändern beliebter Club. Kult ist die Party »Il Brutto Posse« (der hässliche Haufen) am Donnerstagabend. Der Eintritt ist frei, die jungen Leute sind gut gelaunt und es gibt Rap, zuweilen auch von berühmten Vertretern der Szene.

Navigli • Via Vigevano 1 • Metro: Porta Genova • Tel. 34 87 45 30 14 • www.aghartipub.com • Di–So 16–3 Uhr

Santa Tecla Milano   D 6

Die Disco in der Nähe des Doms besteht seit 1951. Die Einrichtung erinnert an berühmte New Yorker Clubs. Legendär sind die Partys »Punks Wear Prada« am Freitagabend ab 23 Uhr, mit allem von Pop bis Disco. Getanzt wird bis zum Umfallen.

Centro Storico • Via Santa Tecla 3 • Metro: Duomo • Tel. 02 89 01 52 82 • Mo, Fr, Sa geöffnet

KNEIPEN

Luca e Andrea   B 7

Das Lokal ist relativ klein, aber im Sommer stehen die großen Fenster weit offen, man sitzt oder steht direkt am Kanal. Die leckeren Cocktails und das üppige Buffet zur Happy Hour machen die Kneipe zu einem beliebten Treffpunkt. Ein optimaler Ausgangspunkt für einen Streifzug durch die Lokale an den Kanälen in Navigli.

Der Jazzclub Blue Note (▶ S. 57) ist ein Ableger der gleichnamigen New Yorker Institution. Sechs Abende die Woche stehen Live-Acts auf derm Programm.

Navigli • Alzaia Naviglio Grande 34 •
Metro: Porta Genova • Tel. 02 58 10
11 42 • www.lucaeandreanavigli.it •
Di–So 18.30–2 Uhr

KONZERTE
Auditorium di Milano
Fondazione Cariplo C 7
Mailands angesehenes Sinfonieor-
chester, das Orchestra Verdi, wurde
1993 gegründet. Heute ist Zhang
Xian seine Chefdirigentin.
Navigli • Largo Gustav Mahler, Ecke
Corso San Gottardo • Metro: Duomo,
dann Tram 3 • Tel. 02 83 38 94 01 •
Programm und Tickets unter www.
laverdi.org

Civica Scuola di Musica
Claudio Abbado B 2
Die städtische Musikschule führt
Klassen in barocker, mittelalterlicher
und Renaissancemusik. Außerdem
gibt es Jazz-Unterricht von großen
Meistern. Regelmäßig finden Konzerte statt, unter anderem im Castello Sforzesco.
Ghisolfa • Via Stilicone 36 • Metro:
Monumentale • Tel. 02 97 15 24 •
www.fondazioneemilano.eu/musica

Conservatorio
Giuseppe Verdi E 5
Angesehener Ort für klassische
Konzerte. In den Sälen »Verdi« und
»Puccini« finden Proben statt, die
zum Teil für die Öffentlichkeit zu-
gänglich sind. Außerdem geben die
Schüler Konzerte in verschiedenen
Locations, darunter im Museo del
Novecento, zu sehr günstigen Prei-
sen. Das Programm ist auf der Web-
seite veröffentlicht.
Centro Storico • Via Conservatorio 12 •
Metro: San Babila • Tel. 02 76 21 10 •
www.consmilano.it

⭐ 5 MERIAN Tipp

KLASSIK IM
AUDITORIUM GABER
Jeden Montag gibt es im Pirelli-Wol-
kenkratzer im Auditorium Gaber, benannt nach dem Mailänder Liedermacher Giorgio Gaber, ein klassisches
Gratis-Konzert in perfekter Akustik.
Hochkarätige internationale Künstler
treten auf und spielen u. a. Bach,
Beethoven und Chopin. ▶ S. 19

LIVEMUSIK
Blue Note D 2
2003 wählte Chick Corea Mailand
als Standort für eine europäische Filiale des Clubs Blue Note aus. Seither
begeistert der Jazztempel Liebhaber
und Neugierige. Das hochkarätige
Programm ist gespickt mit internationalen Künstlern wie McCoy Ty-
ner und Joe Lovano. Eine gute Atmosphäre und Cocktails runden das
Musikerlebnis mit hervorragender
Akustik ab.
Isola • Via Pietro Borsieri 37 • Metro:
Isola • Tel. 02 69 01 68 88 • www.
bluenotemilano.com • Di–So

Blueshouse Club nördl. F 1
Einst das Mekka für Bluesbegeis-
terte, ist der Club in den letzten
Jahren zu einer Bühne für viele
verschiedene Genres geworden, in
erster Linie für Rockmusik. Es treten
italienische Musiker, internationale
Größen, aber auch Coverbands auf.
Nach den Liveauftritten sind DJ-Sets
an der Reihe.
Villa San Giovanni • Via Sant'Uguz-
zone 26 • Metro: Sesto San Giovanni •
Tel. 02 39 56 07 56 • www.blues
house.it

Scimmie 🔖 C 7

Gilt unter Kennern als eines der besten Lokale für Jazz, mittlerweile finden aber mehr Blues- und auch alternative Gigs statt. Angeschlossen sind ein Lokal und ein Restaurant. Tolles Flair im Herzen von Navigli.
Navigli • Via Ascanio Sforza 49 • Metro: Porta Genova • Tel. 02 39 81 10 39 • www.scimmie.it • tgl. 20–2 Uhr

Tunnel 🔖 F 2

Der »Tunnel« versteht sich seit seinem Bestehen als Trendsetter in der Stadt – und ist es heute auch in Bezug auf Underground-Musik. Die Location für Indie-Fans befindet sich in einem ehemaligen Lagerraum unter den Gleisen des Bahnhofs. Das Lokal ist sehr klein und hat etwas von einer Garage; die Atmosphäre ist dafür sehr avantgardistisch. Regelmäßig werden Bilder alternativer Künstler ausgestellt, Freitagabend sind Electro und neue Klänge zu hören.
Stazione Centrale • Via Sammartini 30 • Metro: Stazione Centrale • Tel. 33 18 09 99 52 • www.tunnel-milano.it • nur Fr und Sa Abend

OPER

⭐ **Teatro alla Scala** 🔖 D 5

In der ganzen Welt ist das Theater einfach als »La Scala« bekannt. Seit 1778 ist es der Ort virtuoser Auftritte von Caruso bis zur Callas. Die Scala bietet Platz für rund 2300 Zuschauer und eine hervorragende Akustik. Die Saison beginnt jedes Jahr am 7. Dezember mit einer furiosen Premiere vor illustrem Publikum und endet im Juli. Von September bis November spielt das Sinfonieorchester dort. Karten gibt es mit großem Vorlauf online auf der Webseite. Restkarten kann noch ergattern, wer sich eine Stunde vor der Vorstellung in die Schlange an der Abendkasse einreiht. Allerdings sind es meist Stehplätze. Sonntagnachmittag gibt es Kinderaufführungen.
Centro Storico • Via Filodrammatici 2 • Metro: Duomo • Tel. 0 28 87 91 • Karten im Internet über www.teatro allascala.org, über den automatischen Telefonbuchungsservice: Tel. 02 86 07 75 oder die Vorverkaufsstelle Biglietteria Centrale – Duomo, Galleria del Sagrato, Piazza del Duomo

THEATER

Piccolo Teatro 🔖 C 4, D 5

Mailand ist seit der Gründung des Piccolo Teatro durch Giorgio Strehler und Paolo Grassi 1947 zu einer treibenden Kraft in der italienischen Theaterszene geworden. Seit der Eröffnung mit Maxim Gorkis »Nachtasyl« wurden auf dieser Mailänder Bühne im Gegensatz zur italienischen Theatertradition die Anliegen kleiner Leute thematisiert, mit Stücken etwa von Tschechow und Brecht. 2014 sorgte »Dopo il Silenzio«, ein Stück über die Cosa Nostra, für Schlagzeilen. Internationale, klassische und experimentelle Stücke werden bis heute in drei verschiedenen Theatersälen aufgeführt: im Teatro Grassi, dem experimentellen Teatro Studio und dem neuen Teatro Strehler.
Teatro Grassi: Via Rovello 2, Teatro Studio: Via Rivoli 6, Teatro Strehler: Largo Greppi 1 • Karten online, www. piccoloteatro.org, oder Tel. 0 28 48 80 03 04 oder aus dem Ausland +39 02 42 41 18 89 (Mo–Sa 9.45–18.45, So und feiertags (an Tagen mit Aufführungen) 10–17 Uhr • Theaterkasse: Teatro Strehler, Mo–Sa 9.45–18.45, So 13–18.30 Uhr

Alle großen Namen aus Oper und Ballett standen schon auf der Bühne der Scala
(▶ S. 58): Caruso, die Callas, Nurejew, Pavarotti ...

Teatro degli Arcimboldi 🟥 nördl. F 1

Das Theater wurde als Ausweich-
spielstätte während der Renovierung der Mailänder Scala errichtet,
heute finden sich im Programm von
»Schwanensee« oder einer modernen Inszenierung über Rockkon-
zerte bis zu Jazzkonzerten auch international bekannte Stars.
Villa San Giovanni • Viale dell'Inno-
vazione 20 • Metro: Villa San Giovanni • Karten über die Webseite
oder Mo–Fr 10–18 Uhr telefonisch
unter 0 26 41 14 22 00 • www.teatro
arcimboldi.it

Teatro Manzoni 🟥 D 4

Der Besuch des großen Theaters mit
den imposanten Logenrängen ist
nicht nur zu den hochkarätigen Aufführungen mit anspruchsvollen Stücken von Ionesco, sondern auch zur
Musikreihe »Aperitivo in Concerto«
jeden Sonntagmorgen empfehlens-
wert, Karten über www.aperitivoin
concerto.com
Montenapoleone • Via A. Manzoni 42 •
Metro: Montenapoleone • Theater-
karten entweder online oder telefonisch unter 0 27 63 69 01 oder 8 00
91 43 50 • www.teatromanzoni.it

Familientipps

Museen für kleine Abenteurer, ein Bauernhof mitten in
der Stadt oder eine spannende Bootsfahrt auf den Kanälen
halten die Kleinen bestens bei Laune.

◄ Im Museo dei Bambini (▸ S. 62) ist Anfassen und Ausprobieren ausdrücklich erlaubt!

Acquario Civico ■ C 4

Das 1906 eröffnete städtische Aquarium ist eines der ältesten Europas. Es spielt vielleicht nicht in derselben Liga wie Sea Life mit seinen XXL-Ozean-Bewohnern, doch viele aus den Themen und Exponate aus der Wasserwelt Italiens sind speziell für Kinder aufbereitet. 2006 wurde das Jugendstil-Aquarium im architektonischen Originalzustand rekonstruiert und zugleich technisch museumspädagogisch auf den neusten Stand gebracht.

Parco Sempione • Viale G. Gadio 2 • Metro: Lanza, Moscova, Tram: 2, 4, 12, 14 (Arena) • Di–So 9–17.30 Uhr • Eintritt 5 €, Kinder 3 €

Bootsfahrt auf den Navigli ☆ ■ C 7

Der Wasserweg von Mailand bis nach Como besteht seit dem 12. Jh. Leonardo da Vinci hatte Ende des 15. Jh. mit den Schleusen eine innovative Idee, die von großen Ingenieuren der Zeit umgesetzt wurde. Eine Fahrt mit dem Boot ist Forschungsreise und romantischer Ausflug in einem. Spannend ist für Kinder eine knapp einstündige Tour (»Itinerario delle conche«) auf den Kanälen über die alte Waschstation Vicolo dei Lavandai (▸ S. 89) zu den ersten großen Schleusen der Geschichte.

Wer etwas mehr Zeit investieren kann, dem ist auch eine Fahrt mit dem Elektroboot »Addarella« auf dem Fluss Adda östlich von Mailand zu empfehlen. Es geht durch die Naturlandschaft der Voralpen mit der einzigartigen Fauna zwischen Imbersago (40 km) und Brivio. Oder Sie schippern mit der abenteuerlichen Fähre »Traghetto Leonardesco« von Imbersago nach Villa Adda (Infos für beide unter www.inadda.it).

Abfahrt »Itinerario delle conche«: Alzaia Naviglio Grande 4 • Tel. 02 92 27 31 18 • April–Sept. Fr, Sa, So • Termine unter www.naviglilombardi.it • 12 €, Kinder unter 10 Jahren 10 €, unter 4 Jahren gratis

Cascina Cuccagna ■ F 7

»Unsere kleine Farm« mitten in der Stadt! Landwirtschaft ist zwar traditionell ein bedeutender Wirtschaftszweig der Region, aber es erstaunt doch, dass der Bauernhof aus dem späten 17. Jh. so gut dasteht. Gebäude und Garten wurden kürzlich komplett restauriert. Angebaut wird hier biologisches Gemüse, das man gleich im Restaurant Un posto a Milano kosten kann. Mittags gibt es ein günstiges großes Buffet, abends isst man à la carte. Für Kinder sind eigene Gerichte im Angebot, alles schmackhaft vom Küchenchef zubereitet. Das Preis-Leistungs-Verhältnis ist großartig. Mittwoch und Freitag ist Markt, da kann man Obst und Gemüse von Bauern aus der Umgebung kaufen. Der Bauernhof ist auch eine aktive Werkstatt für Kultur, ein Bezugspunkt für gemeinsame Aktivitäten der Anwohner im Stadtviertel Porta Romana. Seit Kurzem gibt es auch einige einfache Zimmer zum Übernachten – mitten in der bäuerlichen Oase in der Metropole.

Porta Romana • Via Cuccagna 2 • Metro: Lodi, Porta Romana • Tel. 02 83 42 10 07 • www.cuccagna.org, www.unpostoamilano.it • €

Giardini Pubblici Indro Montanelli ▮▮ E 4

Der Park nordöstlich der Altstadt ist ein Ort, an dem Kinder sich austoben können. Mehrere Spielplätze verteilen sich über das Gelände. Ein Karussell dreht sich gemütlich in der Sonne und eine Kindereisenbahn fährt ihre Runden durch den wunderschönen Park im englischen Stil. Im Sommer findet man mitunter die »Laguna delle Bolle Galleggianti«, wo Kinder in transparenten aufgeblasenen Riesenkugeln aus eigener Kraft übers Wasser rollen können.
Eingänge: Bastioni di Porta Venezia (Nordseite), Via Manin (Westseite), Via Palestro (Südseite), Corso Venezia (Ostseite) • Metro: Porta Venezia, Tram 9 (Porta Venezia) • Jan., Feb., Nov., Dez. 6.30–20, März, April, Okt. 6.30–21, Mai 6.30–22, Juni–Sept. 6.30–23.30 Uhr • Eintritt frei

Museo dei Bambini (MUBA) ▮▮ E 6

Hands on! Das Motto des internationalen Kindermuseumsverbandes gilt auch in diesem Mailänder Kindermuseum: Die Kleinen lernen am besten, wenn sie selbst ausprobieren, spielen und tüfteln dürfen. Das gesamte Museumskonzept ist auf Interaktion ausgelegt. Neben einer großen Sonderausstellung gibt es Workshops zu verschiedenen Themen, bei denen Kinder und Eltern mitmachen können.
Das 1995 gegründete Museo dei Bambini Milano, das aus einer Stiftung hervorgeht, zog 2013 in die Rotonda della Besana südöstlich der Altstadt. Eine ringförmige Backsteinmauer umgibt das spätbarocke kreuzförmige Gebäude. Hier, wo früher ein Friedhof war, würde man nicht unbedingt ein Kindermuseum vermuten. Innen ist aber alles bunt wie ein riesiger Spielplatz.
Porta Romana • Via Enrico Besana 12 • Metro: Crocetta, Porta Romana, Tram: 9, 12, 23, 27 • www.muba.it • Mo 9.30–15.30, Di–Fr 9.30–18.30, Sa, So, feiertags 10–19 Uhr • Eintritt frei, Workshops (müssen reserviert werden!): Kinder 8 €, Erwachsene 6 €

Museo di Storia Naturale ▮▮ E 4

Viele Erwachsene erinnern sich an Museumsbesuche in ihrer Kindheit mit wenig attraktiven ausgestopften Eisbären, Tigern und Nashörnern. Dagegen üben die hier perfekt nachgestellten 3D-Szenen auf Kinder eine unheimliche Faszination aus, und manchmal vergessen sie darüber sogar ihr Smartphone. Außerdem gibt es wohl kein Kind, das sich nicht für Dinos begeistern könnte. Hier warten komplette Skelette, ein rekonstruierter Triceratops in Lebensgröße und das Fossil eines Saurierbabys.
Porta Venezia • Corso Venezia 55 • Tram: 9, 29, 30 (Porta Venezia) • Di–So 9–19.30 Uhr • Eintritt 5 €, erm. 3 €, bis 18 Jahre frei

Parco della Preistoria
▸ Klappe vorne, e 4

Jurassic Park all'italiana: Die über 30 lebensgroßen Dinos laufen nicht herum, sie garnieren vielmehr den Rundweg und lassen sich von den Kindern in aller Ruhe beklettern. Auch die ersten Menschen lassen sich über die Schulter blicken. Zudem gibt es einen kleinen Zoo mit einheimischen Tieren, einen botanischen Lehrpfad und ein Museum zur Geschichte der Dinosaurier.
ca. 25 km östlich der Mailänder City

Der Spielzeugladen Il mondo è piccolo (▸ S. 63) birgt allerlei Schätze, mit denen sich Kinder jeden Alters stundenlang beschäftigen können.

Rivolta d'Adda • Via Ponte Vecchio 21 • www.parcodellapreistoria.it • Ende Feb.–Ende März, Ende Okt.–Mitte Nov. Mo–Sa 9–17, So, feiertags 9–17.30 Uhr, April–Ende Okt. Mo–Sa 9–18, So, feiertags 9–18.30 Uhr • Eintritt. 12 €, Kinder (3–9 J.) 6 €

Spielzeugladen Il mondo è piccolo 🟥 B 6

»Die Welt ist klein« – so nennt sich der Spielzeugladen in der deutschen Übersetzung. Hier ist die Welt nicht nur klein, sondern vor allem bunt, originell und überraschend. Und auch ein wenig nostalgisch, vieles ist aus Holz. Handpuppen, Marionetten, Schaukelpferde, Spieluhren, Brett- und Geschicklichkeitsspiele – eben Spielzeug, das die Neugier und Kreativität der Kinder anregt. Eine wunderbare Welt für Kleine. Sant'Ambrogio • Via Cesare da Sesto 19 • Metro: Sant'Agostino • Mo 15.30–19.30, Di–Sa 9.30–12.30, 15.30–19.30 Uhr

---

👫 Weitere Familientipps sind durch dieses Symbol gekennzeichnet.

Von den marmorgepflasterten Dachterrassen des Mailänder Doms
(▶ S. 75) bietet sich ein großartiger Blick über die Stadt.

Unterwegs in **Mailand**

Die Wirtschaftsmetropole Italiens blickt auf eine Geschichte von über zweitausend Jahren zurück und setzt bis heute Akzente in Kunst und Architektur. Entdecken Sie die Vielfalt!

Sehenswertes

Viele klassische Highlights sind auf einer Tour um den Dom zu sehen. Doch es lohnt, daneben auch andere Stadtwinkel, von nostalgischen bis zu futuristischen, zu erkunden.

◀ »Ago, Filo e Nodo« (▶ S. 67) heißt die Skulptur vor dem Bahnhof Cadorna.

Wer sich auf Mailand einlässt, findet neben den immer wieder beeindruckenden Gebäudeensembles, etwa am Domplatz und an der Piazza della Scala – miteinander verbunden durch die Passage **Galleria Vittorio Emanuele II** ⭐ – eine Fülle von antiken, skurrilen und futuristischen Sehenswürdigkeiten.

Einige der ältesten Kirchen der Christenheit stehen in der Metropole und natürlich der **Mailänder Dom** ⭐, der zu den größten und schönsten Kathedralen der Welt zählt. Da in Mailand neben Fürsten wie Ludovico Sforza auch Bischöfe Kunst förderten und sammelten, findet man in den Kirchen der Stadt viele wertvolle Gemälde, allen voran Leonardo da Vincis Wandgemälde »Il Cenacolo«, »**Das Abendmahl**« ⭐. Und einer Modestadt würdig zeigt Mailand, dass Italien nicht in der Renaissance stehen geblieben ist. Gerade in jüngster Zeit hat die lombardische Metropole bemerkenswerte moderne Architektur hervorgebracht – am spektakulärsten vielleicht in Form des **Bosco Verticale**, des »senkrechten Waldes«, zweier Hochhäuser im neu bebauten Stadtviertel Porta Nuova, deren Fassade rundherum über die gesamte Höhe bepflanzt ist.

Ago, Filo e Nodo   📖 C 5

Eine überdimensionale Nähnadel ragt etwa 18 m schräg aus dem Boden. Um das Metall schlingt sich ein Plastikfaden in Rot, Grün und Gelb. Aus dem Brunnen auf der gegenüberliegenden Straßenseite ragt der passende Knoten auf. »Ago, Filo e Nodo« (Nadel, Faden und Knoten) ist ein Werk des Pop-Art-Duos Claes Oldenburg und Coosje van Bruggen. Seit dem Jahr 2000 steht die Skulpturengruppe vor dem Nordbahnhof Milano Cadorna. »Ago, Filo e Nodo« lässt sich unterschiedlich interpretieren. Einmal natürlich als Symbol für Mailands große Bedeutung als internationale Modestadt. Die Künstler selbst dachten bei der Nadel, die sich in den Boden bohrt, an einen Zug, der durch einen Tunnel fährt. Die Farben des Fadens sind identisch mit denen der drei Mailänder Metrolinien.

Cadorna • Piazzale Cadorna

Arco della Pace   📖 B/C 4

Der »Friedensbogen« ist ursprünglich ein Triumphbogen, der an den Ruhm Napoleons erinnern sollte. Das Werk im klassizistischen Stil wurde 1807 begonnen. Luigi Cagnola hatte das 25 m hohe Bauwerk zur monumentalen Ausgestaltung der Porta Sempione geplant, doch als es zu einem Großteil fertiggestellt war, fiel Napoleons italienisches Königreich, die Arbeiten wurden eingestellt. 1826 wurde das Werk unter dem neuen Herrscher Kaiser Franz I. fortgeführt und dem Frieden von 1815 gewidmet. Danach übernahmen der Architekt Francesco Peverelli und der Künstler Francesco Londonio den Bau, der vom Habsburger Kaiser Ferdinand I. bei einer großen Feier 1838 eingeweiht wurde. 1859 unterlagen die Österreicher in der Schlacht von Magenta, woraufhin die siegreichen französisch-italienischen Truppen durch den Arco della Pace in die Stadt einzogen.

Sempione • Piazza Sempione • Metro: Moscova, Tram: 1, 19

Die romanische Basilica di Sant'Ambrogio (▶ S. 68) birgt die Gebeine des heiligen Ambrosius, des Schutzpatrons der Stadt.

Basilica di San Lorenzo Maggiore   C 6

Ihr Grundriss aus dem 4. Jh. macht diese Kirche zu einer der ältesten des Christentums. Sie entstand zur Zeit der Römer, wurde aber im Mittelalter (frühes 12. Jh.) neu gebaut. Immerhin war Mailand als Mediolanum nach der Reichsteilung 395 für kurze Zeit die Hauptstadt des Weströmischen Reichs. An jene Zeit erinnern auch die Reihe aus 16 korinthischen Säulen, die Colonne di San Lorenzo (▶ S. 75), gegenüber dem Eingang, und die Bronzestatue des römischen Kaisers Konstantin auf dem Platz dazwischen.

Um den Zentralbau aus Kuppel, Apsiskapellen und vier Kirchtürmen gruppieren sich weitere Kapellen, darunter eine achteckige für den Heiligen Aquilino di Milano (Aquilin). Im Unterschied zum Märtyrer Pietro da Verona in der Basilica di Sant'Eustorgio (▶ S. 70) steckt das Messer bei Aquilin im Hals, nicht im Kopf. An den halbkuppelförmigen Abschlüssen der Außenwände dieser Kapelle findet man sehr feine Mosaiken. Teile des römischen Originalfundaments sieht man noch in der kleinen Krypta, deren Zugang hinter dem Altar liegt.

Porta Ticinese • Corso di Porta Ticinese 39 • Tram: 2 (Carrobbio) • www.sanlorenzomaggiore.com • Mo–Sa 8–12.30 und 14–18.30, So 10.30–11.15 und 15–17.30 Uhr

Basilica di Sant'Ambrogio   C 5/6

Nach dem Untergang Roms entstand in Italien lange kein einheitlicher Architekturstil. Jede Region entwickelte ihre eigene Baukunst. Die Lombardei war durch ihre Lage am stärksten mit der Romanik verbunden, die sich vor allem nördlich der Alpen entwickelte. Sant'Ambrogio aus dem 11./12. Jh. ist ein herausragendes Beispiel dieser Epoche. Schon von Weitem sticht ins Auge, dass die beiden Türme unterschiedlich hoch sind. Von der Südseite der Piazza Sant'Ambrogio, auf Höhe der Via San Vittore, führt der Weg in die Kirche durch das Atrium: Der gepflasterte Innenhof ist von einem Kreuzgang umschlossen. Sant'Ambrogio war Teil einer Benediktiner-Abtei. Heute dienen die Anlagen der **Università Cattolica del Sacro Cuore**, der Katholischen Universität vom Heiligen Herzen.

Das schmucklose Mittelschiff lenkt den Blick direkt auf den vergoldeten Altar, ein Werk des Goldschmieds Volvinius aus dem 9. Jh., und von dort zum prächtigen Mosaik der Apsiskuppel. Es zeigt Jesus zwischen den beiden hier begrabenen Heiligen Gervasius und Prostasius. Sehr originell ist die Kanzel über einem Sarkophag. Die beiden Seitenschiffe mit ihren geschmückten Kapellen bilden einen interessanten Kontrast zum Hauptschiff. Es ist fast verwunderlich, wie harmonisch dieser Bau noch immer wirkt, trotz der zahlreichen Umbauten über die Jahrhunderte. Die Ursprünge der Kirche liegen in der Spätantike. Chor und Krypta beispielsweise entstanden im 9. Jh. Das Museo della Basilica di Sant' Ambrogio dokumentiert eindrücklich die Geschichte des Gotteshauses. Gründer und Namensgeber ist Ambrosius, der Ende des 4. Jh. als Bischof die Mailänder Kirchengeschicke lenkte und die römische Politik beeinflusste. Später wurde er zum Stadtpatron gekürt. Ein Gemälde des flämischen Malers Anthonis van Dyck zeigt Ambrosius im Streit mit dem römischen Kaiser Theosius. Dabei verlangte Ambrosius Straffreiheit für einen Bischof, der die Menschen zur Brandstiftung an einer Synagoge aufgerufen hatte.

WEGZEITEN (IN MINUTEN) ZWISCHEN WICHTIGEN SEHENSWÜRDIGKEITEN

	Castello Sforzesco	Duomo	Gal. Vittorio Emanuele II	Giardini Pubblici	Navigli	Pinacoteca Ambrosiana	Pinac. Brera	Sant' Ambrogio	Teatro alla Scala	Via Monte-napoleone
Castello Sforzesco	–	10	10	20	45	20	10	20	10	10
Duomo	10	–	1	20	30	15	15	15	2	10
Gal. Vittorio Emanuele II	10	1	–	20	30	15	15	15	2	10
Giardini Pubblici	20	20	20	–	60	30	15	30	20	10
Navigli	45	30	30	60	–	30	50	30	30	50
Pinacoteca Ambrosiana	20	15	15	30	30	–	20	1	15	20
Pinacoteca Brera	10	15	15	15	50	20	–	20	15	7
Sant' Ambrogio	20	15	15	30	30	1	20	–	15	20
Teatro alla Scala	10	2	2	20	30	15	15	15	–	10
Via Monte-napoleone	10	10	10	10	50	20	7	20	10	–

Ambrosius' Gebeine befinden sich in der Krypta, gemeinsam mit jenen der Märtyrer Gervasius und Protasius aus dem 3. Jh.

Magenta • Piazza Sant'Ambrogio 15 • Metro: Sant'Ambrogio • Mo–Sa 10–12 und 14.30–18, So 15–17 Uhr • Eintritt frei

Basilica di Sant'Eustorgio 📖 C 7

Wie Sant'Ambrogio zählt auch Sant'Eustorgio zu den ältesten Kirchen Mailands (4. Jh.) und ist seit jeher berühmt wegen der Reliquien, die dort aufbewahrt werden. Über Jahrhunderte hütete die Basilika die Gebeine der Heiligen Drei Könige, bis Friedrich Barbarossa sie nach Köln holte, wo sie im Dom ruhen. Das Grab von Pietro da Verona ist heute die Hauptattraktion in der Basilica di Sant'Eustorgio. Petrus von Verona alias Petrus von Mailand wird bisweilen mit einem Messer im Kopf dargestellt. Sein gespaltener Schädel wird hier ebenso aufbewahrt wie seine Garderobe im reich verzierten, auf Säulen mit Statuen thronenden Sarg in der Apsiskapelle (Cappella Portinari) an der Ostseite. Links vom Eingangsportal an der Piazza Sant'Eustorgio betritt man über einen separaten Eingang das Museum der Basilika. Es enthält eine kleine Auswahl an kostbaren Gemälden und Kunstschätzen, die die Geschichte Sant'Eustorgios dokumentieren.

Sant'Eustorgio • Piazza Sant'Eustorgio 3 • Tram: 3, 9, 15, Bus: 59, 71 • Mo–So 7.45–18.30 Uhr, Museum tgl. 10–18 Uhr • Eintritt Kirche frei, Museum 6 €, Schüler unter 14 J. 1 €

Ca' Grande (Uni Mailand) 📖 D 6

Ca' Grande (»großes Haus«) steht für das Hauptgebäude der Università degli Studi di Milano. Wie so vieles in der Stadt entstand auch dieser Renaissancebau zur Zeit des Fürsten Francesco Sforza. Die Fassade an der Via Festa del Pardono mit ihren filigranen Terrakotta-Verzierungen ist äußerst prachtvoll – bis heute erfüllt ihr Anblick die Studenten mit Ehrfurcht. Im 15. Jh. diente das Gebäude allerdings nicht als Universität, sondern als Hospital.

Die Universität Mailand ist überraschend jung für eine so alte Stadt. Sie wurde 1923 gegründet und zog erst Ende der 1950er-Jahre in die Ca' Grande mit ihrem ehrwürdigen Erscheinungsbild. Auch der Innenhof in Form eines Kreuzgangs mit zentraler Grünfläche wirkt erhaben. Nur dass dort statt klösterlicher Einkehr heutzutage studentische Lebensfreude den Rhythmus vorgibt.

An der Nordostseite und an der Südwestseite des Zentralbaus folgen jeweils vier weitere symmetrische Gebäudeteile mit Innenhof. Während des Zweiten Weltkriegs erlitt der Bau größeren Schaden. Weite Teile der Fassade sind daher eine Rekonstruktion des Originals.

⭐ MERIAN Tipp

BOSCO VERTICALE

Zwei Apartment-Hochhäuser, an deren Fassade rundherum Bäume wachsen, ausgezeichnet mit dem Hochhauspreis für Klimaschutz, sind mehr als nur ein utopischer Hingucker: Bäume und Sträucher sind auf Balkonen gepflanzt, witterungsbeständig und blühen in den Jahreszeiten dementsprechend unterschiedlich. ▶ S. 20

Das mächtige Castello Sforzesco (▶ MERIAN TopTen, S. 71) war die Trutzburg des Herrschergeschlechts der Visconti und birgt heute mehrere Museen.

Cittá Studi • Via Festa del Perdono 5 • Metro: Missori, Bus: 77, 94 • www. unimi.it • Mo–Fr 8–18, Sa 8–12.30 Uhr, in den Sommerferien (Aug.) geschlossen

Casa degli Omenoni 📖 D 5

Nicht weit von der Piazza della Scala entfernt, fallen diese acht traurigen Figuren auf: Die sogenannten »Omenoni« (großen Leute), ein Werk von Antonio Abondio, beherrschen die Fassade des kleinen Palazzo von Leone Leoni (1509–1590), Bildhauer von Kaiser Karl V. und Philipp II., dem damaligen Herzog von Mailand. Leoni hatte das Wohnhaus zwischen dem königlichem Palazzo und dem Kerker um 1565 für sich selbst entworfen, als er sich nach einem abenteuerlichen Leben in Mailand niederließ.

Centro Storico • Via Omenoni 3 • Metro: Montenapoleone

⭐ Castello Sforzesco 📖 C 4/5

Die erste Überraschung folgt gleich am Eingang, betritt man die gewaltige Burg durch das Haupttor an der Südostmauer. Vor einem liegt ein großer, fast vollständig leerer Innenhof, etwa 160 m mal 85 m. Die drei Außenmauern begleitet ein überdachter Wehrgang. Gegenüber dem Haupttor führt ein weiteres Tor in einen kleineren und begrünten Innenhof. In den Mauern und Türmen findet man heute diverse städtische Museen und Galerien (▶ S. 92), darunter das Museo d'Arte Antica (Museum für antike Kunst), das Museo Egizio (Ägyptisches Museum) und die Pinacoteca del Castello Sforzesco mit Gemälden von italienischen Meistern wie Canaletto, Tintoretto und Tizian.

Besonders eindrucksvoll erschließt sich die Anlage beim Spaziergang über den gedeckten Wehrgang. Hinauf gelangt man über die entsprechenden Türme sowie das innere Tor. So unversehrt und intakt das Castello heute wirkt, es zeigt nur einen kleinen Teil seiner einstigen Pracht und Größe. Seine Ursprünge liegen im 14. Jh. Die damals regierende Fürstenfamilie Visconti ließ sich an dieser Stelle eine wehrhafte Residenz errichten. Um 1450 wurde die Anlage stark beschädigt. Fürst Francesco I. Sforza (1401–1466), Nachfolger der Viscontis und Namensgeber der Burg, baute das Castello wieder auf und nutzte es selbst als solide befestigten Wohnsitz. Über die Jahrhunderte residierten in der Festung verschiedene Herrscher und hinterließen jeweils ihre Handschrift. Bis Anfang des 20. Jh. gab es größere bauliche Veränderungen. Die Pläne, die ganze Anlage abzureißen, wurden zum Glück nicht weiterverfolgt.

Castello • Piazza Castello • Metro: Cairoli, Cadorna, Lanza • www.milano castello.it • Sommer: tgl. 7–19 Uhr, Winter: tgl. 7–18 Uhr, Museen: Di–So 9–17.30 Uhr • Eintritt Castello frei, Museen 5 €, Kinder/Jugendliche unter 18 J. frei • Besuch auf der Mauer des Castello nach Voranmeldung nur am Wochenende und im Frühjahr unter info@adartem.it

⭐ »Il Cenacolo« (»Das Abendmahl«)   📖 B 5

Neben der »Mona Lisa« ist »Das Abendmahl« (»Il Cenacolo« oder »L'Ultima Cena«) das berühmteste Gemälde Leonardo da Vincis. Das knapp 40 m² große Wandbild entstand Ende des 15. Jh. im Auftrag des Mailänder Fürsten Ludovico Sforza, einem Sohn von Francesco I. Sforza. »Das Abendmahl« bedeckt fast die gesamte Nordwand des Refektoriums der Klosterkirche **Santa Maria delle Grazie** (▸ S. 86). Leonardo experimentierte dabei mit Ölfarben, einer damals ungewöhnlichen Technik für Wandgemälde. Das Bild zeigt die biblische Szene, in der Jesus seinen Jüngern beim Abendmahl darlegt, dass einer aus ihrer Mitte ihn verraten bald wird. Auffällig ist die perspektivische Darstellung, bei der Jesus genau im Fluchtpunkt liegt, die Anordnung der Jünger in vier Dreiergruppen sowie Gestik und Mimik der dargestellten Figuren.

Das Gemälde erlangte schon zu seiner Entstehungszeit große Bekanntheit und wurde später immer wieder kopiert. Um 1520 fertigte der italienische Maler Giampietrino (1495–1549) eine Kopie von Leonardos Gemälde. Sie befindet sich heute in der Royal Academy of Arts in London. Auch in Film und Literatur wird das Gemälde, ähnlich wie die »Mona Lisa«, immer wieder zitiert. Sehr prominent in Dan Browns Thriller »The Da Vinci Code« (dt. »Sakrileg«) von 2003. In diesem Roman erklärt der Religionswissenschaftler Leigh Teabing anhand des Gemäldes seine Theorie vom Heiligen Gral. Demnach sei der Heilige Gral kein Kelch, sondern eine Frau: Maria Magdalena, die laut Teabing mit Jesus verheiratet war. Leonardo da Vinci habe sie an die Tafel gesetzt, zur Rechten Jesu. Dort sitzt nach herkömmlicher Interpretation der Jünger Johannes. Teabing begründet seine Theorie u. a. mit der sehr weiblichen Darstellung dieser Figur und den Kleidern in Komplementärfarben zu Jesu Kleidung.

Dabei ist es fast ein Wunder, dass man dieses Wandgemälde heute,

über 500 Jahre nach seiner Entstehung, annähernd so betrachten
kann, wie der Künstler es geschaffen
hatte. Feuchtigkeit, Schmutz, Staub,
Autoabgase und viele unfachmänni-
sche Rettungsversuche führten dazu,
dass vom Original immer weniger zu
sehen war. Erst ab ca. 1980 begann
man mit einer systematischen und
professionellen Restaurierung. Dabei wurden u. a. verfälschende Farb-
schichten abgetragen, die rissige
Mauer des Refektoriums mit einer
Metallplatte gestützt und zusätzliche
Schutzmaßnahmen ergriffen.
Der Zugang wird durch mehrere
Schleusen gesichert, zudem sind die
Zahl der Besucher und die Länge der
Besuchszeit beschränkt. Das führt
ohne Voranmeldung meist zu langen
Wartezeiten. Es empfiehlt sich daher,
rechtzeitig zu reservieren.
In das ehemalige Refektorium mit
»Il Cenacolo« gelangt man direkt
von der Nordseite der Piazza über
einen separaten Eingang links vom
Kirchenportal.
Magenta • Piazza Santa Maria delle
Grazie 2 • Metro: Conciliazione, Tram:
18 (Corso Magenta, Santa Maria delle
Grazie) • www.cenacolovinciano.org •
Di–So 8.15–18.30 Uhr • Eintritt 6,50 €
(zzgl. VVK-Gebühr), Kinder/Jugend-
liche unter 18 J. frei, am ersten Sonn-
tag im Monat für alle kostenlos (aber
Reservierung trotzdem erforderlich).
Rechtzeitige Reservierung (in der
Hochsaison bis zu drei Wochen vor-
her) über www.vivaticket.it oder
Tel. 02 92 80 03 60 • deutschsprachi-
ge Audioguides verfügbar

Certosa di Garegnano 📖 westl. A 1

Erzbischof Giovanni Visconti ist die
Gründung des Kartäuserklosters im
Jahr 1349 zu verdanken. Von der alten Kartause aus dem 14. Jh. ist nach
den Erweiterungsarbeiten zwischen
dem 16. und 17. Jh., wahrscheinlich
nach einem Projekt von Pellegrino
Tibaldi, allerdings nur noch wenig
vorhanden. Sehenswert sind im
Inneren die Fresken von Daniele
Crespi (1629), die Geschichten von
den Kartäusern und ihrem Gründer
San Brunone darstellen.
Garegnano • Via Garegnano 28 •
Tram: 14 • www.certosadimilano.
com • Mo–Sa 9.30–12 und 15.30–
17 Uhr

Das Innere der Certosa di Garegnano
(▸ S. 73) zieren sehenswerte Fresken.

⭐ Cimitero Monumentale

📖 C 2/3

Die 1866 eröffnete Totenstadt erinnert mitunter mehr an einen Skulp-
turenpark als an ein Gräberfeld.
Entworfen wurde sie vom Architekten Carlo Maciachini, der auch
die Fassade der Kirche San Marco

Auf dem Cimitero Monumentale (▸ S. 73) aus der zweiten Hälfte des 19. Jh. haben sich mehr oder weniger berühmte Bürger der Stadt ein Denkmal gesetzt.

(▸ S. 84) gestaltete. Manche Denkmäler wirken wie Bühnen, auf denen versteinerte Schauspieler Szenen aufführen. Eine Bronzeskulptur des »Letzten Abendmahls« ziert das Grab von Davide Campari, dem Sohn des Bitterlikör-Erfinders Gaspare. Unter den prominenteren Gräbern finden sich der Fußballspieler Giuseppe Meazza, der Dichter und Literaturnobelpreisträger Salvatore Quasimodo, der Pianist Vladimir Horowitz und der Operntenor Franco Corelli. Eine Zeit lang lag hier auch die einstige First Lady Argentiniens, Eva Perón alias Evita. Als letzter Gruß an ruhmreiche Mailänder steht gleich am Eingang das »Famedio« oder »Tempio della fama«, die Ehrenhalle. Der Cimitero Monumentale unterhält auch Europas ältestes Krematorium. Das erstaunt, denn im katholisch geprägten Italien war das Einäschern von Leichen lange ein Tabu. Für Orientierung auf dem Friedhof sorgt die Längsachse, deren Mitte das Ossario Centrale (Ossarium) markiert, auf halbem Wege zwischen der Ehrenhalle und dem Krematorium.

Lancetti • Piazzale Cimitero Monumentale • Metro: Monumentale, Tram: 2, 4, 12, 14, 33 • www.comune.milano.it/monumentale • Di–So 8–18 Uhr • Eintritt frei, Gratisführungen: visiteguidatemonumentale@comune.milano.it

Colonne di San Lorenzo   📖 C 6

Ein gut erhaltenes Zeugnis des antiken Roms: 16 korinthische Säulen reihen sich gegenüber der Basilica di San Lorenzo Maggiore (▸ S. 68) und in unmittelbarer Nachbarschaft zur Porta Ticinese, dem Südtor der mittelalterlichen Stadtmauer, auf. Die Marmorsäulen stammen von einem Tempel oder Badehaus aus dem 2. Jh. Sie wurden hier aufgestellt, um eine kunstvolle Begrenzung des Kirchplatzes zu schaffen. Man sieht es der Basilica di San Lorenzo auf den ersten Blick nicht an, aber sie geht in ihrer Urform bis ins 4. Jh. zurück und war Vorbild vieler byzantinischer Bauten, etwa der Hagia Sophia. Seither wurde San Lorenzo vielfach umgestaltet, der antike Grundriss jedoch beibehalten. Im Sommer wird der Platz zwischen Kirchen und Säulen gern für Konzerte und »Silent Disco«-Events genutzt.

Porta Ticinese • Corso di Porta Ticinese • Tram: 2 (Carobbio)

⭐ Duomo di Santa Maria Nascente (Mailänder Dom)   📖 D 5

»Welch ein Wunder ist das! So erhaben, so feierlich, so unermesslich groß!«, schwärmte Mark Twain, als er Ende des 19. Jh. erstmals den Mailänder Dom erblickte. Und das, obwohl er weit gereist war, New York kannte und Notre-Dame besucht hatte. Die Kirche ist heute, anders als zu Mark Twains Zeiten, nicht mehr von überall innerhalb eines sieben Meilen Umkreises zu sehen – zu viel hat sich in Mailand seither verändert. Doch wer unmittelbar davor steht, wird den Schriftsteller verstehen. Allein die Dimensionen – fast 160 m Länge bei über 100 m Breite und Höhe –, dazu die leuchtend weiße, mit Statuen gespickte Marmorfassade machen den Bau zu einem architektonischen Meilenstein. Ungewöhnlich ist diese Kathedrale auch, weil man gotische Kirchen im von Renaissance und Barock dominierten Italien eher selten findet. Die Gotik war südlich der Alpen weniger ausgeprägt und zeigte sich mehr in der Profan- als in der Sakralarchitektur. Auch ist der Mailänder Dom stark von mitteleuropäischen Ideen jener Zeit beeinflusst. Baumeister aus Frankreich und Deutschland beteiligten sich an der Planung. Streitereien brachten das Projekt immer wieder ins Stocken. Nördlich der Alpen baute man lieber in die Höhe, in Italien lieber in die Länge und Breite. Die Bauarbeiten dauerten vom Ende des 14. bis Ende des 19. Jh. Vor allem die Fassade folgte wechselnden Moden und trägt heute barocke und neugotische Züge.

📷 FotoTipp

DER DOM IN DER DÄMMERUNG

Der Mailänder Dom wird bei Sonnenuntergang in ein magisches rotes Licht getaucht, das man festhalten kann, wenn man den Dom von vorn fotografiert. Mit ein bisschen Glück schimmert die Madonnina, die Madonnenfigur auf der zentralen Turmspitze, golden.   ▸ S. 75

📷 FotoTipp

GALLERIA VITTORIO EMANUELE II

Ein Foto in der Galleria Vittorio Emanuele II genau in der Mitte unter der Kuppel aus Glas und Stahl nach oben geschossen, transportiert perfekt die Mächtigkeit des Gebäudes. ▸ S. 76

Auch innen glänzt Santa Maria Nascente: Das Licht fällt durch riesige Buntglasfenster. Wie in der Pariser Kirche St. Sulpice und im Dom von Palermo zieht sich auch hier eine **Meridianlinie** aus Messing durch das Kirchenschiff. Wenn die Sonne ihren höchsten Stand erreicht, also genau im Süden steht, fällt Licht durch eine Öffnung in der Kuppel auf die Meridianlinie. An bestimmten sonnigen Tagen ließ sich so immer genau die Mittagszeit ablesen.

In den Seitenschiffen warten kostbare Statuen und Grabmäler. Makaber ist die Statue von San Bartolomeo, die den Märtyrer nach seiner Häutung zeigt. Einmal im Jahr, jeweils am 14. September, dem Fest der Kreuzerhöhung (Esaltazione della Santa Croce), wird eine besondere Reliquie im Dom präsentiert: ein Originalnagel vom Jesus-Kreuz. Ganzjährig zu sehen ist das **Grab des Heiligen Carlo Borromeo** in der Krypta. Er war Erzbischof in Mailand während der Pest-Zeit Ende des 16. Jh. Weitere Domschätze zeigt das Dommuseum (▸ S. 94) im Palazzo Reale auf der Südseite der Piazza del Duomo. Auf keinen Fall verpassen sollte man die Aussicht von der **Dachterrasse** des Doms. Das ist nicht ganz billig, besonders, wenn man statt der Stufen den Aufzug benutzt, doch das Panorama und die Terrasse selbst mit ihren unzähligen Türmchen und Statuen rechtfertigen den Preis auf jeden Fall. Das Dach ist in der vollen Länge begehbar und überrascht mit immer neuen Ausblicken auf die Mailänder Altstadt.

Centro Storico • Piazza del Duomo • Metro: Duomo • www.duomomilano. it • Mo–Fr 7–22, Sa 8–16, 19–22, So 13.30–15.30, 19–22 Uhr, Dachterrasse tgl. 9–23 Uhr (Okt.–Mai 18.30 Uhr) • Eintritt frei (Fotoerlaubnis 2 €), Dachterrasse: zu Fuß (Treppe) 8 €, Kinder 4 €, mit Aufzug 13 €, unter 6 J. frei

🟊 ⑥ Galleria Vittorio Emanuele II   📖 D 5

Mit seiner Passage ließ Architekt Giuseppe Mengoni die Renaissance wieder aufleben und kombinierte sie mit genialer Ingenieursarchitektur des 19. Jh. Aus Marmor, Stahl und Glas schuf er eine der schönsten Shopping-Malls der Welt. König Vittorio Emanuele II. höchstpersönlich eröffnete die Galerie 1867. Fertiggestellt wurde sie allerdings erst zehn Jahre später. In höchster Eleganz verbindet sie den Domplatz und die Piazza della Scala mit dem berühmten, aber äußerlich unscheinbaren Opernhaus. Die Passage ist kreuzförmig angelegt mit einer nicht ganz 200 m langen Nord-Süd-Achse und einer etwas über 100 m langen Ost-West-Achse. Die Mitte bildet ein Achteck mit knapp 40 m Durchmesser. Wenn nicht gerade Rushhour ist, erkennt man am Marmorboden Mosaiken mit den Wappen Mailands und der drei damaligen Hauptstädte Italiens: Florenz, Rom und Turin. 45 bis 50 m darüber wölbt sich eine Kuppel aus Glas und

Gusseisen. In tonnenförmiger Wölbung überspannt das Dach auch die vier Arme der Passage. Renaissance-Elemente finden sich in den Säulen und Bögen wieder sowie an den mit Stuck und Fresken verzierten Wänden. Mit den Balkonen und Fenstern wirken die Fassaden entlang der Passage wie opulente Wohnhäuser oder Palazzi. In den Schaufenstern sind Luxus-Modelabels von Prada über Louis Vuitton bis zu Valentino zu bewundern.

Centro Storico • Piazza del Duomo • Metro: Duomo • tgl. 24 Std., Läden und Restaurants mit individuellen Öffnungszeiten

Giardini Pubblici Indro Montanelli 👫 ▥ E 4

Guiseppe Piermarini, der Architekt der Mailänder Scala, entwarf Ende des 18. Jh. auch den ersten öffentlichen Garten der Stadt. Vorbild war die strenge Geometrie der französischen Barockgärten. Mitte des 19. Jh. erweiterte Giuseppe Balzaretto den Park im Stil eines englischen Landschaftsgartens: in der Mitte ein Teich, umgeben von Bäumen und verschlungenen Pfaden. Das auffälligste Denkmal im Park ist die Statue des Journalisten und Historikers Indro Montanelli (1909–2001), dem der Park seit 2002 gewidmet ist.

Auf und am Parkgelände befinden sich das Naturhistorische Museum (Südostseite, ▸ S. 62), das Planetario Ulrico Hoepli, benannt nach einem Schweizer Verleger, der eine Reihe von naturwissenschaftlichen Klassikern seiner Zeit herausbrachte (Ostseite), der Palazzo Dugnani aus dem 18. Jh. (Westseite), der Padiglione d'Arte Contemporanea – PAC (Pavillon der zeitgenössischen Kunst) und die Galleria d'Arte Moderna (Galerie der modernen Künste, ▸ MERIAN Tipp, S. 21); Letztere liegen im romantischen südlichen Teil der Gartenanlagen, der durch die Via Palestro abgetrennt ist.

Centro Storico • Eingänge: Bastioni di Porta Venezia (Nordseite), Via Manin (Westseite), Via Palestro (Südseite), Corso Venezia (Ostseite) • Metro: Palestro, Porta Venezia • Jan.–Feb., Nov.–Dez. 6.30–20, März–April, Okt. 6.30–21, Mai 6.30–22, Juni–Sept. 6.30–23.30 Uhr • Eintritt frei

Grattacielo Pirelli (Pirelli-Hochhaus) ▥ E 3

Das Hochhaus, das 1958 als Zentrale des Reifenherstellers Pirelli erbaut wurde, ist der älteste und legendärste Wolkenkratzer in Mailand. Ungewöhnlich an dem knapp 125 m hohen Gebäude ist der sechseckige Grundriss. Die schmalen Seiten laufen jeweils spitz zu wie ein Schiffsbug, während die Glas-Aluminium-Fassade der beiden breiten Wände das Sonnenlicht reflektiert. Das verleiht dem »Pirellone« eine starke Dynamik, wie sie andere Hochhäuser oder Wolkenkratzer durch eine Zuspitzung nach oben erreichen,

⭐ MERIAN Tipp

MONUMENTO L.O.V.E.

Ein 11 m hoher Mittelfinger aus Marmor ragt vor dem Börsenpalast in den Himmel. Der Künstler Maurizio Cattelan nennt sein Werk »L.O.V.E.«, die Mailänder Börsianer waren entsetzt, ein derart provokantes Denkmal vor ihrem Finanzpalast vorzufinden, aber der Stinkefinger ist geblieben. ▸ S. 20

etwa das Empire State Building in New York und der raketenförmige Swiss Re Tower (30 St. Mary Axe) in London. Eine spezifische Note des Reifenherstellers erhielt das Gebäude der Architekten Gio Ponti und Pier Luigi Nervi: Der gelb-schwarz-weiße Bodenbelag im Foyer wurde aus Kautschuk gefertigt. Bei seiner Eröffnung zählte der »Pirellone« zu den höchsten Häusern Europas. Seit Ende der 1970er-Jahre unterhält die lombardische Regierung dort einige Büros. Im Jahr 2002, ein halbes Jahr nach den Anschlägen des 11. September, krachte ein kleines Flugzeug in das 26. Stockwerk des Hochhauses. In Erinnerung an das Unglück, bei dem drei Menschen starben, steht diese Etage leer. In Mailand gilt das ungeschriebene Gesetz, kein Gebäude dürfe die Madonnina überragen, eine Figur auf der höchsten Dachspitze des Doms. Daher setzte man auf das Dach des Pirelli-Gebäudes eine Kopie der Madonnina. Seit einigen Jahren dient das Treppenhaus mit seinen 710 Stufen als Laufstrecke für den Wettbewerb »Vertical Sprint«, der schon in vielen berühmten Wolkenkratzern durchgeführt wurde.

Centrale • Piazza Duca d'Aosta • Metro: Centrale • nur zu Veranstaltungen zugänglich

MERIAN Tipp

RADTOUR

Eine schöne Radtour von 32 km Länge führt am Naviglio Martesana im Nordosten entlang über Gorgonzola und Bellinzago Lombardo bis nach Trezzo sull'Adda am Fluss Adda.   ▸ S. 21

Monumento ad Alessandro Manzoni   D 5

In Deutschland ist der Schriftsteller Alessandro Manzoni (1785–1873) wenig bekannt, in Italien jedoch zählt er zu den großen Meistern wie hierzulande Goethe und Schiller. Goethe übersetzte gar Manzoni als Erster ins Deutsche. Manzonis bedeutendstes Werk war der 900-Seiten-Roman »I Promessi Sposi« (»Die Brautleute«). Er erzählt von einem Liebespaar im 17. Jh., deren Heirat ein mächtiger Schurke verhindern will, weil er selbst in die Braut verliebt ist. Die Liebenden fliehen daher durch die Lombardei und erleben – teils voneinander getrennt – Abenteuer um Abenteuer. Manzonis Bedeutung für Italien zeigt sich auch in Verdis »Requiem«, das er dem Dichter widmete.

Das Bronzedenkmal auf der Piazza San Fedele schuf der Bildhauer Francesco Barzaghi 1883 zum zehnten Todestag des Dichters. Zudem erhielt Manzoni ein Grab in der Ehrenhalle des Zentralfriedhofs (Cimitero Monumentale, ▸ S. 73).

Centro Storico • Piazza San Fidele • Metro: Duomo

★ Navigli   A–C 7/8

Einen beachtlichen Teil seiner historischen Rolle, besonders im Mittelalter, verdankt Mailand seinen fünf Kanälen: Naviglio di Bereguardo, Naviglio Grande, Naviglio Martesana, Naviglio di Paderno und Naviglio Pavese. Im historischen Zentrum ist davon praktisch nichts mehr übrig geblieben: Erst an der Porta Ticinese stößt man auf den heutigen Endpunkt des **Naviglio Grande**, das Hafenbecken **Darsena del Naviglio**. Die ersten Kanäle

Im Palazzo Reale (▶ S. 80), einst das Stadtschloss der Habsburger, später der Savoyer, ist heute das Dommuseum (▶ S. 81) untergebracht.

wurden zur Römerzeit angelegt und im Mittelalter ausgebaut. Zu ihrer besten Zeit verbanden sie Mailand über die Flüsse Ticino und Adda mit dem Lago Maggiore (Langensee) im Nordwesten und dem Lago di Como (Comer See) im Nordosten, Letzteres ist noch heute der Fall.

Anfangs dienten sie vor allem dem Waren- und Gütertransport, später dann als Wasserlieferant für die Landwirtschaft. So kam beispielsweise der Marmor für den Mailänder Dom von der Ostseite des Gardasees auf Schiffen in die Stadt. Mittlerweile denkt man darüber nach, die Kanäle wieder schiffbar zu machen, allerdings eher im Freizeit- und Sportbereich. Die Ufer der Kanäle Naviglio Grande und Naviglio Pavese sind heute eine beliebte Ausgehmeile, zur Aperitivo-Stunde füllen sich die Bars am romantischen Ufer, auch der einmal im Monat

stattfindende Antiquitätenmarkt ist immer ein beliebtes Event.

Navigli • Darsena del Naviglio (Naviglio Grande) • Metro: Porta Ticinese

Palazzo Clerici 📖 D 5

Von außen ist das Gebäude aus dem 17. Jh. eher schlicht, aber innen birgt der Palazzo ein Kunstwerk der Extraklasse: Das Deckenfresko mit dem ambitionierten Originaltitel »Das Rennen des Wagens der Sonne über den Himmel, der von den Göttern des Olymp bewohnt ist und umgeben von Land und Tieren, die die Kontinente symbolisieren« aus dem Jahr 1740 des bedeutenden venezianischen Malers Giovanbattista Tiepolo (1696–1770) füllt einen enormen Saal und ist eine wahre Explosion an Farben und Figuren. In dem Gebäude ist das Institut für Internationale Politik beheimatet, deshalb ist der Palazzo nur bei Ver-

anstaltungen zugänglich; gelegentlich finden Führungen statt.
Centro Storico • Via Clerici 5 • Metro: Cordusio • www.ispionline.it

Palazzo Lombardia 📖 E 3
Der Palazzo Lombardia ist der einzige Wolkenkratzer innerhalb des Neubauprojekts Porta Nuova, der für die Öffentlichkeit zugänglich ist. Der Turm aus Stahlbeton und Glas hat 39 Etagen und ist mit 161,3 m einer der höchsten Italiens; die Gesamtkosten von 400 Millionen Euro sorgten für viel Kritik seitens der Bürger. Der 2011 eingeweihte Bau beherbergt den Sitz der Regierung und der Verwaltung der Region Lombardei, Eigentümerin des Komplexes. Es lohnt sich, mit dem Aufzug in die 39. Stock zu sausen. Von der Plattform »Belvedere« ist der Ausblick auf die Stadt fantastisch!
Isola • Piazza Città di Lombardia 1 • Zugang über Viale Francesco Restelli, Via Luigi Galvani, Via Melchiorre Gioia • Metro: Gioia • So 10–18 Uhr

Palazzo Marino 📖 D 5
Direkt gegenüber dem Opernhaus Scala fällt der Hochrenaissancebau auf. Den Namen verdankt das Gebäude dem genuesischen Bankier Tommaso Marino, der Mitte des 16. Jh. Galeazzo Alessi mit dem Bau beauftragte. Einer Legende nach wollte der reiche Bankier die Kaufmannstochter und Cousine der zyprischen Königin Ara Cornaro beeindrucken – er hatte sich noch im hohen Alter unsterblich in sie verliebt. Der Innenhof ist mit Statuen und Siegessäulen geschmückt. Die »Sala dell'Alessi« im Erdgeschoss mit wunderschönen Stukkaturen wurde aufwendig restauriert. Gele-

gentlich finden in dem Salon hochkarätige Sonderausstellungen statt – u. a. waren hier schon Meisterwerke aus dem Louvre wie »Psiché et l'Amour« von François Gérard ausgestellt – gratis. Seit 1861 ist der Palazzo Marino Sitz des Bürgermeisters von Mailand.
Centro Storico • Piazza della Scala • Metro: Duomo • nur zu Ausstellungen geöffnet

Palazzo Reale 📖 D 5
Einst Rathaus, Theater und Königspalast, heute Kulturtempel, so in etwa ist die Karriere des Palazzo Reale im Schnelldurchlauf beschrieben. Die klassizistische Ausgestaltung durch Giuseppe Piermarini entstand unter dem Einfluss der Habsburger, die im 18. Jh. diesen Teil Italiens regierten. Im Laufe des 20. Jh. büßte der Palazzo Reale mehrere Gebäudeteile ein, u. a. zugunsten des Palazzo dell'Arengario, seit Ende 2010 Standort des Museo del Novecento. Inzwischen hat sich der Palazzo Reale als Kulturzentrum etabliert. Hauptattraktion ist das Dommuseum (▶ S. 94). Daneben lockt der Palazzo mit einigen erhaltenen und rekonstruierten Räumen aus dem 18. Jh. Eine formidable Kulisse für Modeschauen sowie Ausstellungen mit moderner und zeitgenössischer Kunst. Im Zweiten Weltkrieg wurde der Palazzo stark beschädigt. Für Picasso machte gerade das den Palazzo zur geeigneten Kulisse, um dort 1951 sein berühmtestes Anti-Kriegsgemälde auszustellen: »La Guernica« (1937).
Centro Storico • Piazza del Duomo 12 • Metro: Duomo • Eintritt je nach Ausstellung • Mo–Mi 9.30–19.30, Do–Sa 9.30–22.30, So 9.30–21 Uhr

Parco Sempione   ☐☐ C 4

Der Parco Sempione schließt sich nordwestlich an das Castello Sforzesco an. Als die Burg noch militärisch genutzt wurde, diente das heutige Parkgelände als Exerzierplatz. Ende des 19. Jh. entwarf Emilio Alemagna einen Park nach dem Vorbild englischer Landschaftsgärten mit Hügeln, schmalen Wegen, die kaum einmal gerade verlaufen, und einem kleinen See. Quer durch diese künstliche Wildnis zieht sich eine Sichtachse vom zentralen Hauptturm des Castello Sforzesco bis zum Triumphbogen Arco della Pace an der Piazza Sempione, die den Park im Nordwesten begrenzt. Im und am Park bieten sich dem Besucher kleinere und größere Freizeitangebote, allen voran der Aussichtsturm Torre Branca (▶ S. 89) auf der Westseite, direkt daneben das Design-Museum Triennale di Milano (▶ S. 98). Es zeigt neben Ausstellungen auch Theateraufführungen und Filme. Das Acquario Civico (▶ S. 61) an der Ostseite ist das letzte architektonische Überbleibsel der Weltausstellung 1906 auf dem Parkgelände. Auch die **Arena Civica** (alias Arena Gianni Brera) im Nordosten des Parks hat eine lange Geschichte: Bereits 1807 huldigte sie dem Fußball, heute aber vor allem Konzerten und dem Rugby-Spiel, das in Norditalien sehr beliebt ist. Der aufmerksame Spaziergänger begegnet auch einigen Kunstwerken, z. B. Armand Pierre Fernandez' Skulptur »Accumulazione musicale seduta« am kleinen See (Viale Alessandro Puskin) und Giorgio de Chiricos Skulpturen-Installation »Bagni Misteriosi« im Garten der Triennale.

Hinter dem Castello Sforzesco erstrecken sich die Grünflächen des Parco Sempione (▶ S. 81) mit Denkmälern, Brunnen und einem kleinen See.

Sempione • Piazza Sempione • Zugang: Via Pagano, Via Bertani, Piazza Castello, Viale Elvezia, Viale Milton, Viale Gladio, Viale Alemagna, Viale Legnano • Metro: Cairoli, Cadorna (beide Süden), Lanza (Osten), Moscova (Nordosten) • Jan.–Feb., Nov.–Dez. tgl. 6.30–20 Uhr, März–Apr., Okt. 6.30–21 Uhr, Mai 6.30–22 Uhr, Juni–Sept. 6.30–23.30 Uhr • Eintritt frei

Piazza dei Mercanti   D 5

Im Mittelalter war der Marktplatz das Herz von Mailand. Allerdings war er damals noch wesentlich größer und offener. Der aus rotem Backstein gemauerte Palazzo della Ragione, früher »Broletto« genannt, der die Nordostseite des Platzes begrenzt, stand damals im Zentrum des Platzes. Er diente als Rathaus und Gericht. Heute verbirgt sich die Piazza hinter mächtigen Gebäuden und wirkt fast wie ein beschaulicher Rückzugsort abseits der wuseligen Straßen Via dei Mercanti und Via Orefici.

Centro Storico • Piazza dei Mercanti • Metro: Duomo, Cordusio

Piazza del Duomo   D 5

Die Westseite des Domplatzes dominiert die imposante Reiterstatue von Vittorio Emanuele II. Er regierte Italien von 1861 bis 1878. Zwischen Denkmal und Dom ist die Piazza eine große leere Fläche, jedoch stets gut gefüllt mit Mailändern und Touristen. Angelegt wurde der Platz in den 1860er-Jahren von Giuseppe Mengoni. Ihm haben die Mailänder auch die imposante Einkaufspassage **Galleria Vittorio Emanuele II** ⭐ (▸ S. 76) zu verdanken, wo heute Prada, Versace und Co. stolz residieren. Der Eingang zur Passage liegt an der Nordseite des Platzes. Zu beiden Seiten des Torbaus säumen Arkaden

Die Piazza Gae Aulenti (▸ S. 83) ist das Herzstück des Neubauviertels Porta Nuova und wird von mehreren Bürobauten umringt.

die Piazza. Bis zur Eröffnung der Metro 1964 war dieser Platz allerdings ein hektischer Verkehrsknotenpunkt. Verglichen damit wirkt er heute geradezu beschaulich.

Das schräg versetzte Gebäude an der Südseite der Piazza ist der **Palazzo Reale** (▶ S. 80). An den westlichen Flügel der einstigen Königsresidenz schließt sich der **Palazzo dell'Arengario** an, ein zweiteiliger Bau, der in den 1930er-Jahren begonnen und von den Faschisten für Massenveranstaltungen genutzt wurde. Fertiggestellt wurde er allerdings erst nach dem Krieg. Im östlichen Teil des Palazzo dell'Arengario eröffnete 2010 das Museo del Novecento, das Museum des 20. Jh. (▶ S. 94).

Centro Storico • Piazza del Duomo • Metro: Duomo

Piazza Gae Aulenti   📖 D 3

Der neue Platz an der Südostseite des Bahnhofs Porta Garibaldi ist das architektonische Highlight des Stadtprojekts Porta Nuova, der Stolz Mailands, ähnlich wie der Potsdamer Platz für Berlin – mit Bewunderern und Kritikern. Der Platz hat in der Tat einige interessante Elemente und ist dank seiner Cafés, Restaurants und Läden vor allem am Abend sehr belebt. In der Mitte des runden Platzes ist ein Bassin mit Sitzgelegenheiten. Durch die stufenweise Anordnung der nicht beweglichen Markisen an den umliegenden Gebäuden entsteht eine Amphitheater-Anmutung, die sicher beabsichtigt war. Den äußersten Ring des Platzes bildet der 2012 eröffnete Hochhauskomplex **Torre Unicredit** (▶ S. 104): Drei verglaste Türme unterschiedlicher Höhe, u. a. Italiens höchstes Gebäude (231 m), umschließen den

📷 FotoTipp

PIAZZA GAE AULENTI

Die 23 Trompeten aus glänzendem Chrom des Künstlers Alberto Garutti auf der Piazza Gae Aulenti übertragen Stimmen von einer Ebene des Platzes oben zur anderen unten: Eine irre Perspektive in die Tiefe!   ▶ S. 83

Platz. Architekt ist der Argentinier César Pelli, der auch die Piazza entwarf und mit den Zwillingstürmen Petronas Towers in Kuala Lumpur 1999 einen der höchsten Wolkenkratzer der Welt baute.

Ebenso machen die 23 Tuben aus glänzendem Chrom, Kunstwerk von Alberto Garutti, Dozent an der Pinacoteca Brera, neugierig. Sie verbinden den 6 m über dem normalen Level der Stadt liegenden Platz mit dem Rest der Mailänder Innenstadt. Die Piazza trägt den Namen der italienischen Architektin und Designerin Gae Aulenti (1927–2012). In den 1980er-Jahren wurde sie international bekannt durch ihren Umbau des Pariser Bahnhofs Gare d'Orsay zum Kunstmuseum (Musée d'Orsay). Einen Designklassiker schuf sie 1965 mit ihrer Teleskoparm-Tischlampe Pipistrello.

Garibaldi • Piazza Gae Aulenti • Metro: Porta Garibaldi

Rho Fiera / Expo 2015

📖 nordwestl. A 1

Das Expo-Gelände liegt deutlich außerhalb, nordwestlich von Mailand an der Endstation der roten Metrolinie Rho Fiera. Für die Expo 2015 und ihre Pavillons wurde das vorhandene neue Messegelände nach Osten erweitert. Die **Neue Messe Mailand (Fiera Milano)** wurde 2006 eröffnet und ist das weltgrößte Ausstellungsgelände. Vor allem die komplexe Dachsegelkonstruktion aus Stahl und Glas erinnert entfernt an die berühmte Zeltdachkonstruktion der Olympischen Spiele in München 1972. Über die Hälfte der Pavillonfläche wurde bepflanzt, passend zum Motto der Expo: »Feeding the Planet, Energy for Life«. Der Deutsche Pavillon (»Fields of Ideas«) ist der Feld- und Flurlandschaft nachempfunden, die weite Flächen Deutschlands prägt. Aus dem Ausstellungsgebäude wachsen pflanzenartige Gebilde, die als »Ideen-Keimlinge« innen und außen verbinden.

Deutlich exzentrischer ist der Italienische Pavillon »The Nursery of Italy«: Ein Glas-Palazzo mit einer Fassade, die wie ein Gewirr aus Stangen wirkt, das sich nach unten verdichtet und nach oben auflöst. Innen wiederholt sich das Muster. Auch hier erkennt man allerhand Symbolik: gefüttert und geschützt können sich Talente entfalten.

Fiera Milano • Metro: Rho Fiera (Endstation) • www.fieramilano.it, www.expo2015.org

⭐ **MERIAN Tipp**

SAN BERNARDINO ALLE OSSA

San Bernardino alle Ossa, die »Knochenkapelle«, ist an den Wänden mit menschlichen Knochen und Schädeln geschmückt, die einst den Toten des Spitals San Barnabas gehörten und mit viel Aufwand zu kleinen Kunstwerken gestaltet wurden. Ein recht makaberer Anblick!
▶ S. 21

San Gottardo in Corte   D 5/6

Erbaut als Kapelle auf Anordnung der Fürsten Visconti, findet der Kirchenbau heute vor allem wegen des charakteristischen achteckigen Fiale-Kirchturms und des klassizistischen Innenraums Beachtung. Der Glockenturm hat erstaunlicherweise die Zerstörungen des Zweiten Weltkriegs überlebt. Der Campanile des Doms von Florenz wurde hier sozusagen in die Sprache der lombardischen Architektur des 14. Jh. übertragen. Gekürt wurde er mit der ersten Turmglocke der Stadt.

Centro Storico • Via Pecorari • Metro: Duomo • Mo–Fr 8–12 und 14–16, Sa, So 8.30–13.30 Uhr

San Marco   D 4

Die Kirche wurde um 1254 von dem Mönch Lanfranco Settala als Zeichen des Dankes an die Venezianer erbaut. Sie hatten die Mailänder beim Wiederaufbau der Stadt nach den Zerstörungen durch Barbarossa maßgeblich unterstützt. Zuvor hatte am selben Platz bereits eine Kirche gestanden, die dem heiligen Markus gewidmet war.

Die Fassade der Kirche wurde von Carlo Maciachini entworfen, der auch den Cimitero Monumentale (▶ S. 73) gestaltete. Innen überraschen farbenprächtige Fresken von Giovanni Paolo Lomazzo und Giulio Cesare Procaccini. Ein besonderer Schatz ist jedoch die »Madonna mit Kind« von Leonardo da Vinci. Mit ein wenig Glück darf man den Glockenturm besteigen, von dem aus man einen wunderschönen Ausblick bis hinüber zum Castello genießen kann.

Brera • Piazza San Marco 2 • Metro: Lanza, Turati • 7.30–12 und 16–19 Uhr

San Sepolcro 📖 D 5

Die Kirche San Sepolcro auf der gleichnamigen Piazza wurde im Jahr 1030 dort gegründet, wo sich das Forum Romanum befand. In Auftrag gegeben hatte sie der Edelmann Benedetto Ronzon, nachdem er vom ersten Kreuzzug (1096–1099) heimgekehrt war. Vorbild war die Grabeskirche in Jerusalem. Doch der Bau wurde im Laufe der Jahrhunderte mehrfach modifiziert, die Front weist den typisch mittelalterlich lombardischen Stil auf.

Die Kirche erstreckt sich über zwei Ebenen, denn die Krypta nimmt fast die gesamte Fläche der Kirche ein. Hier sind noch Marmor aus der Zeit des Augustus und Zeugnisse des antiken Forum Romanum erhalten. 1605 beauftragte Kardinal Federico Borromeo den Architekten Aurelio Trezzi mit der barocken Ausschmückung des Kircheninneren und ließ direkt an der Seite die **Biblioteca Ambrosiana** errichten. Das Portal in seiner heutigen Form ist vom lombardisch-romanischen Stil geprägt.

Centro Storico • Piazza San Sepolcro • Metro: Duomo • Mo–Fr 12–14.30 Uhr

San Simpliciano 📖 D 4

Der trutzig wirkende Backsteinbau wurde im 4. Jh. als frühchristliche Kirche von Bischof Ambrosius errichtet und ist somit eine der vier ersten Kirchen Mailands. Erst unter Ambrosius' Nachfolger, dem heiligen Simpliciano, der hier begraben ist, wurde der Bau beendet. Dass die Kirche aber auch als eine der schönsten gilt, ist ihr von außen kaum anzusehen. Das Stufenportal mit dem Figurenschmuck zum Beispiel ist beeindruckend. Über dem linken Eingang finden sich Darstellungen der Märtyrer Martirio, Sisinio und Alessandro, die in der Kirche ihre letzte Ruhe gefunden haben. Im Becken der Apsis ist ein Fresko von Bergognone zu sehen, das die Krönung der Madonna abbildet. Die Kirche erinnert auch an die Schlacht von Legnano 1176, in der die Lombarden die Truppen Barbarossas besiegten: Die Fensterscheiben der Fassade zeigen die »Erfolge des Carroccio«, eines Ochsenkarrens mit Altar und Stadtbanner.

Brera • Piazza San Simpliciano 7 • Metro: Moskova • www.sansimpliciano.it • tgl. 7.30–18, feiertags 8–10.30, 11–18 Uhr

Santa Maria della Scala in San Fedele 📖 D 5

Klassizistisch, mit angedeuteten Säulen, einem tempelartigen Dach und graziösen Figuren – das Gebäude wirkt auf den ersten Blick eher wie ein Museum als eine Kirche. 1569 nach Entwürfen von Pellegrino Tibaldi errichtet, gilt der Bau als eines der herausragendsten Beispiele der Architektur der Gegenreformation. Bis 1763 war hier der Sitz der Jesuiten in der Lombardei. Der eigentliche Name der Kirche ist Santa Maria della Scala in San Fedele, denn als die Kirche Santa Maria della Scala abgerissen wurde, um das Theater zu errichten, wurden die Schätze in die Kirche San Fedele verbracht. Das Gotteshaus erlebte schon illustre Aufführungen: 1771 dirigierte Mozart seine »Cantata della Passione« (Passionskantate) in San Fedele. Innen ist die Sakristei mit ihren geschnitzten Schränken sehenswert.

Centro Storico • Piazza San Fedele • Metro: Duomo • Mo, Di 7.50–16.30, Mi–Fr 7.50–18, Sa, So 10–19.30 Uhr

Santa Maria delle Grazie   ▥ B 5

Die Dominikanerkirche verdankt ihre Bekanntheit vor allem da Vincis Wandbild »Il Cenacolo« ⭐ (»Das Abendmahl«, ▶ MERIAN TopTen, S. 72) vom Ende des 15. Jh. Dabei ist das Bild gar nicht in der Kirche, sondern im ehemaligen Refektorium des Klosters. Dennoch verdient auch Santa Maria delle Grazie einen Besuch. Nicht nur, weil sie zusammen mit dem »Abendmahl« als UNESCO-Weltkulturerbe gelistet ist. Donato Bramante, der auch Santa Maria presso San Satiro (▶ S. 86) entworfen hatte sowie später am Neubau des Petersdoms (16./17. Jh.) mitwirkte, ließ neben anderen Architekten sein Genie in dieses Meisterwerk der Hochrenaissance einfließen. Auf Wunsch des Mailänder Fürsten Ludovico Sforza sollte Santa Maria delle Grazie die Grabkirche seiner Familie werden. Auffällig ist die Kolonnade, die außen um die Kuppel führt. Im Gegensatz zum stark zergliederten und etwas klobigen äußeren Eindruck wirkt die Kirche innen symmetrisch, hell und luftig. Floral gemusterte Bögen ruhen auf schlanken Säulen. Selbst die eckigen Kapellen in den Seitenschiffen fügen sich nahtlos in die Harmonie dieses Baus ein.
Magenta • Piazza Santa Maria delle Grazie 2 • Metro: Conciliazione, Tram: 18 • Mo–Fr 7–12 und 15–19 Uhr, Sa, So 7.15–12.15 und 15.30–21 Uhr • Eintritt frei (außer »Il Cenacolo«)

Santa Maria presso San Satiro   ▥ D 6

Einen Häuserblock entfernt von der Piazza del Duomo quetscht sich die kleine Kirche Santa Maria presso San Satiro an die Nordseite der Via Fal-

cone. Aus der räumlichen Not halfen sich die Künstler mit einem optischen Trick: Durch illusionistische Malerei wirkt der weniger als einen Meter tiefe Chor wie eine echte Apsis. Urheber dieses Trompe-l'Œil genannten Effekts ist der Architekt Donato Bramante (1444–1514), der auch den Grundriss für den Petersdom entwarf. Nach einem »Wunder« im Jahr 1242 war die frühmittelalterliche Kirche zum beliebten Pilgerziel geworden. Demnach hatte ein Junge in das Votivbild der Madonna mit Jesuskind geschnitten, woraufhin das Bild zu bluten anfing. Bramante wurde schließlich beauftragt, San Satiro zu erweitern. Das Gemälde ist ebenso erhalten wie die Skulpturengruppe »Compianto sul Cristo morto« aus 14 Terrakottafiguren von Agostino de Fondulis (15. Jh.).
Centro Storico • Eingang Via Torrino, Ecke via Speronari • Metro: Duomo • Mo–Sa 8.30–18, So 11–18 Uhr • Eintritt frei

Stadio Giuseppe Meazza
   ▥ westl. A 4

Mit rund 80 000 Plätzen ist das Stadion die größte Fußballarena Italiens und die Bühne zweier Giganten des europäischen Fußballs, auch wenn sie in den letzten Jahren weniger erfolgreich waren. Ein Kritiker empfahl sogar, Inter Mailand (»Nerazzurri«) und AC Mailand (»Rossonieri«) mögen sich doch zusammentun, so hätte die Stadt wenigstens ein schlagkräftiges Team. Und das passiert ausgerechnet der einzigen Stadt Europas, aus der sich gleich zwei Vereine die Krone des europäischen Clubfußballs aufsetzen konnten, den Gewinn der UEFA-Champions-League. Immerhin: Ein gemeinsames Stadion

In der kleinen Kirche Santa Maria presso San Satiro (▶ S. 86) täuschen raffinierte Trompe-l'Œil-Malereien Weite vor.

haben sie schon. Es wurde 1926 eröffnet. Eigentümer ist die Stadt, was mit ein Grund ist, weshalb der Name noch nicht an einen Sponsoren verkauft wurde. Bis 1980 hieß es San Siro – nach dem Stadtteil nordwestlich des Zentrums. Später wurde es zu Ehren der Fußballlegende Giuseppe Meazza (1910–1979) umbenannt. Der kleine trickreiche Stürmer trug die Farben beider Mailänder Clubs und wurde mit Italien gleich zweimal Weltmeister, 1934 und 1938. Sein heutiges Aussehen erhielt »La Scala del Calcio« zur Fußball-WM 1990, u. a. als Gastgeber des Eröffnungsspiels. Bis zum Champions-League-Finale 2016 soll das Stadion abermals renoviert werden. Dann sollen die Zuschauer näher am Geschehen sein. Die Geschichte der Vereine lässt sich im Museum und bei Stadionführungen außerhalb der Spielzeiten erkunden.

San Siro (nordwestl. der Altstadt) • Piazzale Angelo Moratti snc, Eingang Führung/Museum: Tor 8 • Metro: Richtung Rho Fiera bis Lotto, dann Bus 49 Richtung San Cristoforo bis Via Capecelatro. An Spieltagen gibt es von den Metrostationen Lotto und Lampugnano einen Shuttle zum Stadion • www.sansiro.net • Museum tgl. 9–18 Uhr (an Spieltagen Änderungen möglich), Stadionführung (nicht an Spieltagen) nach Anmeldung auch in deutscher Sprache : tour@milano sansiro.com • Eintritt 7 €, Kinder 5 €, Museum und Stadionführung 17 €, Kinder 12 €

Stazione Centrale   E 3

Einem Triumphbogen gleich prunkt die 200 m breite Fassade des Mailänder Hauptbahnhofs an der Piazza Duca d'Aosta am nordöstlichen Ende der Via Pasani: monumentaler Klassizismus mit Verzierungen un-

📷 FotoTipp

TORRE BRANCA

Mit seinen 108,6 m war der an ein Gerüst erinnernde Turm in den 1930er-Jahren ein Vorläufer des Wolkenkratzers. Von unten fotografiert sieht er aus wie ein Spinnennetz.   ▸ S. 89

terschiedlichster Richtungen, vom Wappen des antiken Roms S.P.Q.R. (Senatus Populusque Romanus) bis zu Art déco. Der Eklektizismus setzt sich innen fort: Ein gewölbtes Dach aus Stahl und Glas bedeckt die mächtige Eingangshalle in über 70 m Höhe, gestützt von kantigen Marmorsäulen. Den Boden zieren Mosaiken, die Wände Reliefs mit Figuren. Der ursprüngliche Entwurf von Ulisse Stacchini, der auch das Fußballstadion Giuseppe Meazza plante, stammt von 1912. Doch erst 1931 während der Amtszeit Mussolinis wurde der Bahnhof fertiggestellt – protzig im Sinne des »Duce«. Die italienischen Faschisten sahen sich einerseits als zukunftsweisende Bewegung, andererseits als legitime Erben der antiken Römer, deren imperialer Machtsymbolik sie sich bedienten.

Auch die verkehrstechnische Seite des Bahnhofs ist gigantisch. Die Stazione Centrale gehört zu den größten Bahnhöfen Europas. Rund 500 Züge und über 300 000 Passagiere werden hier täglich abgefertigt. Durch umfangreiche Baumaßnahmen wurde aus dem Hauptbahnhof in den letzten Jahren auch ein rund 30 000 m² großes Shoppingcenter.

Stazione Centrale • Piazza Duca d'Aosta • Metro: Centrale

⭐ Teatro alla Scala    D 5

Außen schlicht, fast unauffällig – innen bombastisch. So ließe sich die Architektur des Mailänder Opernhauses zusammenfassen. Auch nach dem letzten Ausbau und der Modernisierung durch den Schweizer Architekten Mario Botta 2002 bis 2004 wirkt La Scala an der gleichnamigen Piazza beinahe unscheinbar, besonders im Kontrast zum benachbarten opulenten Nordportal der Galleria Vittorio Emanuele II.

Das Opernhaus eröffnete 1778. Mailand unterstand seinerzeit den Österreichern. Für den damaligen Neubau im klassizistischen Stil ließ die Regentin Maria Theresia die Kirche Santa Maria della Scala abreißen. An deren Stelle wurde von Giuseppe Piermarini ein neues Opernhaus errichtet, dessen Bau vor allem durch den Verkauf von Logen finanziert wurde. Der Name Scala blieb erhalten und stand schon bald für eine der prominentesten Opernbühnen weltweit. Über die Jahrzehnte sah und hörte man hier die besten Dirigenten, Orchester, Sängerinnen und Sänger.

Der Saal mit Logen auf sechs Etagen ist in roten Samt getaucht. Das Opernprogramm bietet vorrangig italienische Großmeister wie Puccini, Rossini und Verdi. Karten für die Aufführungen sind sehr begehrt (▸ S. 58). Wer jedoch nur einmal die eleganten Räumlichkeiten sehen möchte, hat die Möglichkeit zu einer 90-minütigen Führung in englischer Sprache nach Voranmeldung beim Museum der Scala (▸ S. 96).

Centro Storico • Via Filodrammatici 2 • Eingang: Piazza della Scala • Metro: Duomo, Tram: 1, 2, 3, 12 u. a., Bus: 54 • www.teatroallascala.org/en

Torre Branca   C 4

Mit knapp 109 m Höhe ist der Aussichtsturm Torre Branca bei Weitem nicht das höchste Gebäude Mailands, liegt aber angenehm zentral im Parco Sempione (▸ S. 81), nordwestlich des Castello Sforzesco. Durch das schlanke Stahlgerüst wirkt er eher wie ein Hochspannungsmast als eine moderne Version des Eiffelturms. Entworfen wurde er 1933 von Giò Ponti, der auch am Pirelli-Hochhaus mitwirkte. Auch hier dient ein Unternehmen als Namensgeber: Fratelli Branca, bekannt für den gleichnamigen Magenbitter. Anfangs trug der Turm den damaligen Zeit geschuldeten Namen Torre Littoria (dt. »Faschisten-Turm«). Ein Aufzug rast mit gefühlter Raketenbeschleunigung zur Aussichtsplattform hoch. Dort erwartet die Besucher ein überragendes Panorama, Mailand liegt einem sprichwörtlich zu Füßen. Der Turm ist ganzjährig geöffnet, jedoch nur bei gutem Wetter.

Parco Sempione • Viale Emilio Alemagna/Viale Luigi Camoens; im westl. Teil des Parco Sempione • Metro: Cadorna, Lanza Brera, Tram: 1, 19 • www.fps-eventi.it/torre_branca_4.html • Sommer (Mitte Mai–Mitte Sept.): Di, Do, Fr 15–19, 20.30–24, Mi 10.30–12.30, 15–19, 20.30–24, Sa, So 10.30–14, 14.30–19.30, 20.30–24 Uhr; Winter (Mitte Sept.–Mitte Mai): Mi 10.30–12.30, 16–18.30, Sa 10.30–13, 15–18.30, 20.30–24, So 10.30–14, 14.30–19 Uhr • Eintritt 5 €

Torre Diamante   E 3

Dank der scharfkantigen, asymmetrischen Form und dem Glitzern der Sonnenstrahlen in der verspiegelten Fassade braucht es wenig Fantasie, um die Herkunft des Gebäudenamens nachzuvollziehen. Auch dieser 140 m hohe Büroturm ist Teil der Stadterneuerung im Viertel Porta Nuova und prägt seit seiner Fertigstellung 2012 die neue Mailänder Skyline. Der »Diamant« zeichnet sich durch hohe Nachhaltigkeitswerte aus – dank einem vergleichsweise niedrigen Energieverbrauch, Wasseraufbereitung und einem hohen Recyclinganteil beim eingesetzten Baumaterial.

Repubblica • Piazza San Gioachimo • Metro: Gioia, Repubblica, Tram: 9 (Piazza San Gioachimo)

Vicolo dei Lavandai   C 7

Die kleine Gasse ist nach den fleißigen Mailändern benannt, die hier noch bis in die 1950er-Jahre Wäsche wuschen. Heute noch zu sehen sind eine Zentrifuge aus dem 18. Jh., ein Holzdach und die Waschsteine, wo sich einst Männer mit ihrer Arbeit Geld verdienten. Auf einem Kissen knieten sie auf einer Art Holzbank, dem »brellin«, und spülten die Wäsche im angrenzenden Becken klar. Hier war traditionell die Zentrale für Klatsch und Tratsch in Mailand.

Eigentlich ist es kurios, dass die Straße »dei lavandai« (grammatikalisch die männliche Form) und nicht »delle lavandaie« (die weibliche Form) heißt. Im 17. Jh. jedoch war es Aufgabe der Männer, zu waschen. Dokumente belegen, dass sie sogar in einer eigenen Bruderschaft organisiert waren. Heute sind die kleinen Häuschen in der Gasse ein nostalgischer romantischer Ort mit Cafés und einigen alternativen Galerien.

Navigli • Vicolo dei Lavandai • Metro: Porta Genova

Museen und Galerien

Mailand lockt mit bedeutenden Gemäldesammlungen vom Mittelalter bis heute, aber auch mit spannenden Ausstellungen zu Mode und Design.

◂ Die Pinacoteca Brera (▸ MERIAN Top-Ten, S. 97) zeigt viel italienische Kunst.

Die Stadt, die gut zwanzig Jahre Leonardo da Vinci zu Gast hatte, weiß Kunst zu schätzen. Viele Museen und Galerien lohnen einen Besuch – wenngleich ihre Namen unter den Großen der Welt fehlen. Die wertvollste Sammlung befindet sich im bedeutenden Kunstmuseum **Pinacoteca Brera** ⭐, vorwiegend mit Werken einheimischer Künstler. Wer die Geschichte der italienischen Kunst vom Mittelalter bis heute nachvollziehen will, findet wohl keinen Ort, der sich besser eignet.

Akzente setzt Mailand bei moderner und zeitgenössischer Kunst sowie beim Design. Das **Triennale Design Museum** ist wegen seiner beachtlichen Sammlung italienischen Designs der Moderne, besonders aber für die jährlich wechselnden Arrangements und Sonderausstellungen europaweit Anziehungspunkt.

Seit Mitte 2015 präsentiert Mailand ein Museum mit Weltklasse-Potenzial: die **Fondazione Prada**, eine Stiftung des Modekonzerns Prada, die hochklassige zeitgenössische Exponate in einer ehemaligen Destillerie zeigt. Und zum Expo-Jahr erhalten Mode-Begeisterte erstmals die Gelegenheit, im Museum **Armani / Silos** durch die 40-jährige Geschichte des Modehauses zu spazieren.

MUSEEN
Armani / Silos   🏛 B 7
Am 30. April 2015 wurde das Museum von der Mode-Ikone Giorgio Armani eingeweiht, 50 Millionen Euro hat der Stylist in ein Kulturzentrum investiert, das seinen Sitz in dem ehemaligen Areal von Nestlé im Stadtviertel Tortona hat. Das ambitionierte Museum dokumentiert nicht nur die Arbeit des weltberühmten Meisters selbst, sondern soll auch Anreize für neue kreative Ideen liefern.

Tortona • Via Bergognone 40 • Metro: Porta Genova • www.armani silos.com • Di, Mi, Fr, So 11–20, Do, Sa 11–22 Uhr • Eintritt 12 €

Casa della Memoria (Museum des Widerstands)   🏛 D 3
Von Weitem wirkt der Bau wie ein Würfel aus Backstein auf einer Wiese. Sieht man genauer hin, entdeckt man an den Wänden Mosaiken. Das ganze Gebäude ist mit Rechtecken bedeckt, jedes einzelne ist repräsentativ für ein Detail der Nachkriegsgeschichte von Mailand. Zu sehen ist u. a. eine Versammlung auf dem Domplatz, als Mailand von den Faschisten befreit wurde, oder die Innenräume der Bank an der Piazza della Fontana, die 1969 durch einen Terroranschlag zerstört wurde. Casa della Memoria (»Haus der Erinnerung«) wurde das Gebäude genannt, das im neuen Stadtteil Porta Nuova zum Kulturtreffpunkt avancieren soll. Zum 70. Jahrestag des Widerstands am 25.4.2015 wurde es eröffnet. Es wird das Museum des Widerstands beherbergen, vorerst sind Sonderausstellungen zu sehen.

Isola • Via Confalonieri 14 • Metro: Garibaldi, Isola • www.casamemoria. org • nur zu Sonderausst. geöffnet

Fondazione Riccardo Catella   🏛 D 3
In den Räumen der Riccardo-Catella-Stiftung zur Förderung verdienstvoller städtischer Wirtschaftsinitiativen kann man das gesamte

⭐ MERIAN Tipp

GALLERIA D'ARTE MODERNA DI MILANO (GAM)

Die Galerie befindet sich in der bezaubernden ehemaligen Königsvilla inmitten eines Gartens im englischen Stil mit einem kleinen See und einem Tempelchen im Zentrum. In den Ausstellungen ist hochkarätige italienische Kunst aus dem 19. und 20. Jh. zu bewundern – die Top-Auswahl in ganz Mailand aus dieser Epoche. ▸ S. 21

Städteneubauprojekt Porta Nuova in einem Architekturmodell kennenlernen. In Fachkreisen wird das Gesamtkonzept wegen der Kombination aus klassischer Mailänder Tradition und besonderer Nachhaltigkeit gelobt. Die drei historischen Stadtteile Garibaldi, Varesine und Isola wurden miteinander verbunden, es entstanden 20 Hochhäuser, eine neue Metrostation, Tiefgaragen, ein durchgehender Fußgängerbereich von mehr als 160 000 m², 5 km Radwege sowie das Luxuswohnungsprojekt »Die Gärten von Porta Nuova« auf 90 000 m².
Garibaldi • Via Gaetano de Castillia 28 • Metro: Garibaldi oder Isola • www.fondazionericcardocatella.org • Mo–Fr 12.30–14.30, Sa 14–17 Uhr • Eintritt frei

Gallerie d'Italia 📖 D 5

Mailands Reichtum an historischen Palazzi ist ein Geschenk für die Kunst, die dort immer wieder ein würdiges Zuhause findet. Die Gallerie d'Italia sind ein vergleichsweise junges Kunstmuseum (eröffnet 2011 und 2012) und residieren in den historischen Räumen dreier benachbarter Palazzi östlich der Oper: Palazzo Anguissola, Palazzo Brentani und Palazzo della Banca Commerciale Italiana. Mit ihren klassizistischen Fassaden fügen sich die Gebäude in das harmonische Gesamtbild der Piazza ein. Rund 200 Gemälde und Skulpturen italienischer Künstler repräsentieren das 19. Jh. Darunter finden sich Innen- und Außenansichten des Doms von Pompeo Calvi und Luigi Bisi, die dessen gewaltige Dimensionen unterstreichen. Die Sammlung des 20. Jh. umfasst knapp 200 Werke verschiedenster Stilrichtungen und Kunstbewegungen wie Arte Povera, Konzeptkunst, Pop-Art, Konkrete Kunst und Kinetische Kunst.
Einst hatte die Banca Commerciale Italiana ihren Sitz in den Palazzi; die prunkvollen Räume allein lohnen schon einen Besuch, so der **Palazzo Anguissola** mit seinen Deckenfresken und Mosaikfußböden. Wer wenig Zeit hat, sollte wenigstens einen Blick in die sehr beeindruckende Halle werfen.
Centro Storico • Piazza della Scala 6 • Metro: Duomo, Montenapoleone, Tram: 1 (Teatro della Scala) • www.gallerieditalia.com • Di, Mi, Fr–So 9.30–19.30, Do 9.30–22.30 Uhr • Eintritt 10 €

Musei del Castello Sforzesco 📖 C 5

Im **Castello Sforzesco** ⭐ sind sieben städtische Museen untergebracht, die drei interessantesten sind das Museum für Musikinstrumente, das Ägyptische Museum und das Museum Antiker Kunst.
Castello • Castello Sforzesco • Metro: Cardona, Cairoli, Lanza, Tram:4

(Piazza Castello) • www.milano castello.it • Eintritt 5 €, unter 18 J. frei

Museo Arte Antica

Viele Besucher kommen allein wegen der »Pietà Rondanini«: Michelangelos letztem – und unvollendetem – Werk. Die Marmorstatue zeigt Maria und den toten, vom Kreuz genommen Jesus. Sie sollte das Grab des Künstlers zieren. Über zehn Jahre arbeitete Michelangelo daran, bis zu seinem Tod 1564. Auch die anderen Exponate sind bemerkenswert: Beispielsweise der Kopf der Theodora (6. Jh.), Teil einer Statue der Gemahlin des oströmischen Kaisers Justinian I., und das opulente Marmorgrab Bernabò Viscontis (1323–1385) aus der gleichnamigen Dynastie, die lange Zeit über Mailand und die Lombardei herrschte. Sein Sarg ruht auf zehn Säulen, darüber erhebt sich eine Reiterstatue.

Und nicht zuletzt ist das Denkmal für Gaston de Foix (1489–1512), einen Mailänder Gouverneur und Militärstrategen, bemerkenswert. Diese Marmorstatue zählt zu den Meisterwerken des Renaissance-Bildhauers Agostino Busti alias Bambaja. Corte Ducale (Sale Viscontee), EG • Di–So 9–17.30 Uhr

Museo degli Strumenti Musicali

Die städtische Sammlung umfasst rund 700 Musikinstrumente von der Renaissance bis ins 20. Jh. Einen beträchtlichen Beitrag zur Ausstellung leistete die Mailänder Familie Monzino, die seit 1750 Musikinstrumente baut. So widmet sich ein Teil der Ausstellung dem Herstellungsprozess von Gitarren und Violinen. Auch die modernere Seite der Musik kommt zum Zuge in Form eines kompletten Aufnahmestudios der öffentlich-rechtlichen Rundfunkan-

Die 1921 eingeweihte Galleria d'Arte Moderna (▶ MERIAN Tipp, S. 21) zeigt hochkarätige Kunst in einem hochherrschaftlichen Rahmen.

stalt Italiens, Radiotelevisione Italiana (RAI), aus den 1950er-Jahren. Zu den originellsten Stücken zählen ein Hybrid aus Gitarre und Harfe (1938), ein Virginal mit zwei versetzten Klaviaturen (ca. 1600), eine Drehleier von Joseph Bassot (18. Jh.), eine Oboe aus Elfenbein (ca. 1740) und eine Glasharmonika aus rotierenden Glastassen unterschiedlicher Durchmesser, denen mittels Berührung mit feuchten Fingern ein orgeltypischer Klang entlockt wird.

La Rochetta, 1. Stock • Di–So 9–13, 14–17.30 Uhr (Sommer 9–19 Uhr)

Museo Egizio (Ägyptisches Museum)

Das Ägyptische Museum ist eine ausgelagerte Abteilung des Archäologischen Museums am Corso Magenta. Es widmet sich den Pharaonen und ihrem Totenkult. Unter den 250 Exponaten finden sich Sarkophage, Mumien, Amulette, Statuen von Göttern und Pharaonen, Werkzeuge, Grabmasken und Papyrusrollen. Den Grundstein der Sammlung bilden die Ausgrabungen des Archäologen Achille Vogliano in Medinet Madi während der 1930er-Jahre. Zu sehen sind auch Auszüge aus Hor-Nefers Totenbuch, einem legendären Grabtext, der auf Schriftrollen und Stelen hinterlassen wurde. Die Texte sollten die Götter günstig stimmen und quasi das Überleben des Toten im Jenseits gewährleisten. Beeindruckend ist auch die Statue von Pharao Amenemhet III. Er regierte von 1842 bis 1795 v. Chr. und war der letzte große Herrscher des ca. 350 Jahre währenden Mittleren Reichs im alten Ägypten.

Corte Ducale (Sale Viscontee), UG • Di–So 9–17.30 Uhr (Sommer 19.30 Uhr)

Museo del Duomo   D 5

Bevor das Dommuseum 2013 im Palazzo Reale (▸ S. 80) eröffnete, war es im Dom selbst untergebracht. Es dokumentiert die jahrhundertelange Geschichte der Kathedrale, von der Bauphase bis zu den ersten Renovierungsarbeiten, die anfielen, lange bevor die Kirche vollendet werden konnte. Unter den 200 Exponaten befinden sich ein hölzernes Modell des Doms von 1519, Glasmalereien, Statuen, Skulpturen aus Terrakotta, Wandteppiche, Gemälde und natürlich der berühmte Domschatz mit dem Aribertkeuz von 1040 des damaligen Mailänder Erzbischofs Aribert.

Centro Storico • Piazza del Duomo 12, Palazzo Reale • Metro: Duomo • museo.duomomilano.it • Di–So 10–18 Uhr • Eintritt 6 €, Kinder bis 6 J. frei, Familienticket 4 € p. P.)

Museo del Novecento   D 5

Bernardo Bertoluccis Film »Novecento« (»1900«) mit Robert de Niro und Gérard Depardieu beginnt mit dem Ausschnitt eines Gemäldes. Langsam zoomt die Kamera aus dem Detail, bis das gesamte Bild sichtbar ist: »Il quarto Stato« (Der vierte Stand) von Giuseppe Pellizza da Volpedo ist eines der berühmtesten Gemälde des italienischen Realismus. Es huldigt dem neuen Selbstbewusstsein der aufkommenden Arbeiterbewegung mit einem Hauch von Wildwest-Romantik. Das 16 m^2 große Original ist das Prunkstück des 2010 eröffneten Museums im **Palazzo dell'Arengario** (▸ S. 83), einem Bau der faschistischen Ära. In den Ausstellungen dokumentieren 400 Gemälde, Skulpturen und Installationen chronologisch die Entwicklung der Kunst im 20. Jh. Neben ita-

lienischen Exponaten sind auch zahlreiche internationale Arbeiten zu sehen, darunter ein früher Picasso.
Via Marconi 1, Palazzo dell'Arengario • Metro: Duomo • www.museodel novecento.org • Mo 14.30–19.30, Di, Mi, Fr, So 9.30–19.30, Do, Sa 9.30–22.30 Uhr • Eintritt 5 €, unter 25 J. frei

Museo Diocesano   C 7

Wer hochkarätige klerikale Kunst bestaunen will, sollte das Diözesanmuseum auf seinen Terminkalender setzen. Es birgt die gesamten Schätze des kulturellen Erbes der Diözese. 2001 eröffnete das Museum in den ehemaligen Klostergebäuden von **Sant'Eustorgio** (▶ S. 70). Zu sehen ist eine beeindruckende Sammlung mit mehr als 700 Kunstwerken, vornehmlich Werke aus den Kirchen der Stadt, thematisch in verschiedene Abteilungen gegliedert. Daneben sind auch temporäre Sammlungen zu sehen, das Spektrum reicht dabei von hochmittelalterlicher Stuckplastik bis zu Gemälden aus dem 14. bis 18. Jh.
Porta Ticinese • Corso di Porta Ticinese 95 • Metro: Porta Ticinese • www.museodiocesano.it • Di–So 10–18 Uhr • Eintritt 8 €, Di 4 €

Museo Nazionale della Scienza e della Tecnologia Leonardo da Vinci   B 5/6

Es überrascht nicht, dass Italiens größtes Wissenschaftsmuseum seine 15 000 historischen Objekte ausgerechnet in einem ehemaligen Kloster (17. Jh.) präsentiert. Die Räumlichkeiten bilden einen spannenden Kontrast zu den Exponaten. Highlights sind ein Marine-U-Boot aus den 1960er-Jahren, das Foucaultsche Pendel, mit dem der französische Wissenschaftler 1851 experimentell die Erdrotation nachwies, und die Luftschrauben-Entwürfe von Leonardo da Vinci, mit denen er den Propeller vorwegnahm. Die Ausstellung gliedert sich in Wissensgebiete wie Energie, Ernährung, Kommunikation, Werkstofftechnik, Weltraum, Nanotechnik, Transport und Leonardo da Vinci, der nicht nur Künstler war, sondern auch ein vielseitiger Naturwissenschaftler. Um die einzelnen Themen für die Besucher anschaulicher und sinnlich erfahrbar zu gestalten, gibt es verschiedene interaktive Bereiche (Labore). Da haben nicht nur Kinder ihren Spaß.
Sant'Ambrogio • Via San Vittore 21 • Metro: Conciliazione, Sant'Ambrogio, Bus: 50, 58 • www.museo scienza.org • Di–Fr 9.30–17, Sa, So, Feiertage 9.30–18.30 Uhr • Eintritt 10 €, bis 25 J. 7,50 €

Museo Poldi Pezzoli   D 5

Gian Giacomo Poldi Pezzoli (1822–1879) war Kunstsammler und, wie viele Menschen seiner Zeit, ein großer Liebhaber der Geschichte. Die einzelnen Zimmer seines Palazzo gestaltete er in unterschiedlichen Stilrichtungen, die jeweils eine historische Epoche aufleben ließen. So dekorierte er das Schlafzimmer (heute: »Sala dei Vetri di Murano«, Muranoglas-Zimmer) im Neobarock. Das »Goldene Zimmer« (Salone Dorato), in dem Poldi Pezzoli die wertvollsten Stücke der Sammlung aufbewahrte, widmete er seiner Lieblingsepoche: der Renaissance. Poldi Pezzoli blieb ohne Nachkommen. So vermachte er seine Villa und Kunstsammlung dem Staat. Das Museum eröffnete 1881. Unter den Highlights der Gemäldesammlung sind Botticellis »Jungfrau mit Kind« (1480/81), ein Porträt Martin Luthers (1529), gemalt von Lucas Cranach dem Älteren, und das Porträt einer jungen Frau (1470) von Piero del Pollaiolo. Neben Gemälden umfasst die Sammlung historische Waffen und Rüstungen, Spiel- und Sonnenuhren, Wandteppiche, Porzellan, Glas und Schmuck. Hinzu kommen temporäre Ausstellungen, die die Werke der Sammlung in ein neues Licht rücken.

Montenapoleone • Via Manzoni 12 • Metro: Montenapoleone • www. museopoldipezzoli.it • Mi–Mo 10–18 Uhr • Eintritt 10 €, erm. 7 €

Museo Teatrale alla Scala   D 5

Seit der Eröffnung 1776 schreibt **La Scala** ⭐ Operngeschichte. Das rechtfertigt allemal ein Museum mit Fotos, Briefen, Kostümen, Gemälden, Büsten, Bühnendekorationen, Plakaten, Instrumenten, Libretti und Partituren. Dazu allerhand kuriose Gegenstände, etwa Puccinis Uhr, Rossinis Brille und eine Haarlocke von Mozart. 2013 feierte das Museum seinen 100. Geburtstag. Neben den permanenten Exponaten zeigt es auch Wechselausstellungen zu theaterrelevanten Themen. Im Rahmen einer Führung können Besucher auch einen Blick in den Opernsaal (▶ S. 88) werfen.

Cento Storico • Largo Ghiringhelli 1, Piazza Scala, separater Eingang westlich des Opernfoyers • Metro: Duomo; Tram: u. a. 1, 2, Bus: 61 • www.teatroallascala.org/en • tgl. 9–12.30, 13.30–17.30 Uhr, Besuch des Opernsaals nur nach vorheriger Anmeldung beim Museum (nicht möglich, wenn Proben sind) • Eintritt 7 €

Palazzo Morando – Costume Moda Immagine   E 5

Das Mailänder Modemuseum ist eine Erweiterung des Stadtmuseums im Palazzo Morando. Die stadthistorische Abteilung dokumentiert die Entwicklung der Stadt anhand von Gemälden mit Stadtansichten, Modellen bedeutender Gebäude sowie Skulpturen und Büsten herausragender Persönlichkeiten. Seit 2010 widmet sich das Museum auch der Geschichte der Modestadt: Stoffe, Kostüme, Kleider, Hüte – begleitet von temporären Ausstellungen über Modeschöpfer und modebewusste Prominenz. Zugleich erfährt man auch, wie die letzte Bewohnerin des Palazzo gelebt hat, die 1945 verstorbene Contessa Lydia Caprara Morando. Sie hinterließ der Stadt ihren Palazzo mitsamt der Einrichtung.

Montenapoleone • Via Sant'Andrea 6 • Metro: San Babila, Montenapoleone, Tram: 1, 2, Bus: 94 • www.costume modaimmagine.mi.it • Di–So 9–13, 14–17.30 Uhr • Eintritt frei

Pinacoteca Ambrosiana   D 5

Auch dieses Museum trägt den Namen des Mailänder Schutzpatrons und ehemaligen Bischofs Ambrosius (Sant'Ambrogio). Im frühen 17. Jh. stiftete Kardinal Federico Borromeo seine private Kunstsammlung der ebenfalls von ihm gegründeten Biblioteca Ambrosiana und legte damit den Grundstein für die Pinakothek und die kurze Zeit später gegründete Kunstakademie, wo die Meisterwerke den Studenten als »Vorbilder« dienen sollten. Für exzellentes Anschauungsmaterial ist mit Gemälden von Caravaggio, Ambrogio de Predis, Botticelli, Brueghel, Titian und Leonardo da Vinci gesorgt. In der

Das Museo Poldi Pezzoli (▶ S. 95) mit seiner Sammlung wertvoller Teppiche ist ein einzigartiges Beispiel einer Mailänder Adelsresidenz des späten 19. Jh.

angeschlossenen **Bibliothek** befindet sich von Letzterem eine mehr als tausend Blatt umfassende Sammlung von Skizzen und Zeichnungen, die als »Codex Atlanticus« bekannt ist. Ein ganz besonderes Exponat ist eine blonde Haarlocke der Fürstin Lucrezia Borgia (1480–1519), Mitglied der berüchtigten Herrscherdynastie und Femme fatale der Renaissance. Unter Literaten des 19. Jh. war die Locke ein begehrter Fetisch. Centro Storico • Piazza Pio XI 2 • Metro: Duomo, Tram: 1 (Duomo) • Di–So 10–18 Uhr • Eintritt 15 € inkl. »Codex Atlanticus« in der Bibliothek

⭐ Pinacoteca Brera   📖 D 4

Ein stattlicher Innenhof, eingerahmt von einem zweistöckigen Kreuzgang, beeindruckt an dem Palazzo, der die neue Macht des aufstrebenden Bürgertums verkörpert. Der Palazzo Brera war einst ein Kloster, ehe

dort im 18. Jh. auf Wunsch der Kaiserin Maria Theresia die Kunstakademie eingerichtet wurde. Diese Accademia di Belle Arti di Brera ist bis heute geblieben und hat viele bekannte Namen hervorgebracht, u. a. den Möbeldesigner Carlo Bugatti und den Literaturnobelpreisträger Dario Fo. In der Kunstgalerie der Pinacoteca Brera ist überwiegend italienische Kunst vom Mittelalter bis heute zu bewundern. Im Innenhof erhebt sich eine Statue von Napoleon Bonaparte – in idealisierter heroischer Nacktheit und folglich auch ohne die typische Geste. Mit seiner linken Hand umklammert er einen Stab, in der anderen hält er eine (Erd-)Kugel, auf der die römische Siegesgöttin Victoria (Nike) tanzt. »Napoleone come Marte pacificatore« (Napoleon in der Gestalt von Mars als Friedensstifter) ist ein Werk des klassizistischen Bildhauers An-

Das Triennale Design Museum (▶ S. 98) im Parco Sempione verschafft Besuchern einen Überblick über die Geschichte des italienischen Designs.

tonio Canova, das er auf Bitten Napoleons anfertigte. Die hier ausgestellte Statue ist eine Bronzekopie, das Original steht in London.

Der Schwerpunkt der Sammlung liegt jedoch auf Gemälden, darunter Meisterwerke wie »Christo morto« (Beweinung Christi; ca. 1478) von Andrea Mantegna, »Il bacio« (Der Kuss; 1859) von Francesco Hayez und »La morte di Cleopatra« (Der Tod der Kleopatra; ca. 1660) von Guido Cagnacci.

Brera • Via Brera 28 • Metro: Lanza, Montenapoleone • www.brera.beni

culturali.it • Di–So 8.30–19.15 Uhr • Eintritt 10 €, erm. 7 €

Triennale Design Museum   📖 C 4

Das 2007 eröffnete Designmuseum im Parco Sempione präsentiert italienisches Design von den 1950er-Jahren bis heute: Möbel, Kleidung, Schuhe, Lampen, Motorräder, Autos, aber auch Pasta, Getränkeverpackungen, Espressokannen und Schreibmaschinen. Ebenso originell wie viele Exponate sind auch die speziell für das Museum gestalteten Räume. Die Ausstellung wird jedes

Jahr erneuert – während der Umbauphase ist das Museum einen Monat geschlossen. Parallel zur Sammlung zeigt das Haus permanent Wechselausstellungen zu Kunst- und Designthemen. Selbstverständlich sitzt man auch im zugehörigen Café auf Designerstühlen an Designertischen, während man ausgestellte Objekte in Vitrinen begutachtet.

Sempione • Viale Alemagna 6 • Metro: Cardona, Tram: 1, 27 (Via Venti Settembre), Bus: 61, N6 • www.triennale. org • Di, Mi, Fr–So 10.30–20.30 Uhr • Eintritt 12 €

Villa Necchi Campiglio　　　📖 E 5

In den 1920er-Jahren kamen die Necchis dank ihrer Nähmaschinen-Fabrik zu Reichtum und ließen sich von Piero Portaluppi ein elegantes Domizil entwerfen, das schon bald zum Treffpunkt der internationalen High Society wurde. Die von 1932 bis 1935 gebaute Villa ist ein Gesamtkunstwerk des Movimento Moderno, einer Mischung aus Jugendstil, Art déco und Neuer Sachlichkeit. Auch Teile der Einrichtung tragen Portaluppis Handschrift, etwa das geschwungene grüne Sofa und die Regale der Bibliothek. Vom Designer Thomas Buzzi stammt der Kamin im Rauchersalon.

Südlich der Giardini Pubblici, eingebettet in einen wunderbaren Garten mit Pool, wirkt die bestens erhaltene Villa wie eine Oase der Stille im Mailänder Trubel. Heute ist sie im Besitz der Stiftung für Denkmalschutz, Fondo per l'Ambiente Italiano, und der Öffentlichkeit zugänglich.

Wer den Film »Io sono l'amore« (Ich bin die Liebe) von 2009 gesehen hat, erkennt die Villa sicherlich sofort wieder. Teile des Films mit Tilda Swinton als emotional erkaltete Mailänder Industriellengattin wurden dort gedreht.

Montenapoleone • Via Mozart 14 • Metro: Palestro, Bus: 94 (Corso Venezia / Via Senato) • www.case museomilano.it • Mi–So 10–18 Uhr • Eintritt 9 €

GALERIEN

Mailand verfügt über eine lebendige internationale Kunstszene mit vielen privaten Galerien. Doch auch große Konzerne haben die Metropole als Standort gewählt.

Fondazione Prada　　　📖 E 8

Im Mai 2015 eröffnete die Prada-Stiftung in einer ehemaligen Destillerie eines der spannendsten Projekte der Stadt: Mailands größte Galerie für moderne Kunst. Der Modekonzern ließ sich die Inszenierung einiges kosten und betraute den niederländischen Stararchitekten Rem Koolhaas mit der Gebäudeerweiterung. Ein weiterer Coup ist der Beitrag von Wes Anderson. Der für seine spleenige Ausstattung bekannte Filmregisseur hat eine Bar gestaltet – im Geist der Mailänder Cafés des frühen 20. Jh., wo sich Künstler und Intellektuelle trafen. Ein solcher Ort soll auch die Galerie werden, wünscht sich die Stiftungschefin Miuccia Prada. Der Komplex umfasst zehn Gebäudeteile, darunter ein Kino, eine Bibliothek und ein Bereich für Kinder. 11 000 m² Ausstellungsfläche schaffen Platz für viel Kunst. Die stammt aus der umfangreichen Sammlung der Stiftung, ergänzt um temporäre Beiträge.

Porta Romana • Largo Isarco 2 • Metro: Lodi TIBB, Tram: 24, Bus: 79 • www.fondazioneprada.org • Mo–Fr 10–21 Uhr • Eintritt 10 €

Das Städtchen Como liegt nur 45 km nördlich von Mailand am Comer See (▸ S. 108) und lohnt einen Besuch.

Spaziergänge und Ausflüge

Entdecken Sie Mailand auf den Spuren der Haute Couture oder der Stadtgeschichte, oder gönnen Sie sich einen Trip ins Grüne!

Vom »Goldenen Viereck« zum Corso Como – Haute Couture, Vintage und mehr

Charakteristik: Bei einem Schaufensterbummel erleben Sie die Showtempel der großen Designer in der Via Montenapoleone, kleine Boutiquen im noblen Künstlerviertel Brera und einen abgefahrenen Concept Store **Dauer:** 2,5 Std. **Länge:** 4,5 km **Einkehrtipp:** Dolce & Gabbana Martini Bar (▸ S. 38), Corso Venezia 15, Metro: San Babila, www.dolcegabbana.com/martini, Mo–Sa 7.30–1 Uhr

 D 3–E 5

Vom internationalen Laufsteg direkt ins Schaufenster – entdecken Sie die neuesten Styles, von klassisch elegant bis flippig und schrill.

Galleria Vittorio Emanuele II ▸ »Goldenes Viereck der Mode«

Vor dem Dom auf der linken Seite geht es in die älteste Shoppingpassage der Welt, bis heute einmalig, die **Galleria Vittorio Emanuele II** ⭐. Stuck, Fresken und Marmor fangen den Blick ein auf dem Weg vorbei an Gucci, Prada und Louis Vuitton. Am Ende der Galleria geht es geradeaus zur Piazza della Scala. Gehen Sie rechts über die Via Tommaso Marino zur beschaulichen, mit prächtigen Palazzi gerahmten **Piazza San Fedele**. In der Mitte erinnert eine Statue an die italienische Literaturgröße Alessandro Manzoni. Gehen Sie nun weiter rechts über die Via Agnello und dann links in die Via Ulrico Hoepli, wo linker Hand die gleichnamige internationale Buchhandlung ihren Sitz hat. Überqueren Sie die Piazza Filippo Meda, geradeaus weiter empfängt Sie an der Ecke mit der **Via Montenapoleone** 🔟 das »Goldene Viereck der Mode«. Vielleicht sollten Sie sich in der traditionellen **Pasticceria Cova** an der Theke – stets gut besucht von Fashio-

nistas – noch mit einem Espresso stärken, bevor Sie das Allerheiligste der Haute Couture betreten: Via Montenapoleone, Via Sant'Andrea, Via della Spiga, Via Santo Spirito. Alle Größen der Modeszene setzen sich hier extravagant mit ihren Schaufenstern in Szene – von Armani über Gucci und Vivienne Westwood bis Ermenegildo Zegna.

Im Museum **Palazzo Morando – Costume Moda Immagine** in der Via Sant'Andrea 6 ist dem Thema Mode ein Ehrenplatz garantiert.

Wer ein bisschen Laufsteg-Flair schnuppern möchte: Im Corso Venezia 15 finden in der **Dolce & Gabbana Martini Bar** nach den Schauen Partys statt. Das abgefahrene Design in Rot und Schwarz steht für die Extravaganz der Events.

»Goldenes Viereck der Mode« ▸ Via Brera

An der Via Montenapoleone, Ecke Via Alessandro Manzoni, fällt das **Hotel Grand et de Milan** auf. Seit 1863 logiert in dem Luxushotel die Weltprominenz. In der Via Manzoni 31 residiert der Flagshipstore von **Armani**, ein echter Palazzo der Eitelkeit: Von der Schokolade bis zum Sofa verkauft er alles mit dem Logo des Designers. In der Nummer 12

In der Via Montenapoleone (▶ S. 102) finden Modefans das Paradies auf Erden: Von Kleidern über Accessoires bis hin zu Schuhen ist hier alles zu haben.

lädt das **Museo Poldi Pezzoli** ein, den luxuriösen Lebensstil und die Kunstwerke des gleichnamigen Edelmanns zu bestaunen. An der Ecke lohnt ein Blick in die imposante Eingangshalle des **Palazzo Anguissola**, wo ein Teil der Gallerie d'Italia beheimatet ist. Die prächtigen Deckenfresken und Mosaikfußböden sind eine Augenweide.

Über die Via Giuseppe Verdi gehen Sie weiter bis zur Via Brera. Hier werden die Straßen enger, die Schaufenster kleiner. Gleich in der Nummer 3 lohnt es, bei **Cavalli e Nastri**, einem der witzigsten Vintage-Stores der Stadt, reinzuschauen. Wenige Schritte weiter lockt die Parfümerie **Profumo**. Jede Menge weiterer Boutiquen sowie private Kunstgalerien reihen sich in der Straße aneinander.

Via Brera ▶ Corso Como

Gehen Sie über die Via Solferino mit zahlreichen Einrichtungs- und Modeläden in die Via dello Statuto zum Corso Garibaldi. In der Fußgängerzone sind viele weitere Boutiquen angesiedelt.

An der Piazza XXV Aprile angekommen, empfiehlt sich für Gourmets der Shoppingtempel **Eataly**: Köstlichkeiten aus ganz Italien sind im Angebot. Gehen Sie durch das Stadttor **Porta Garibaldi** aus dem Jahr 1828. Auf der anderen Seite betreten Sie den lebhaften Corso Como, der inzwischen zur schicken Fußgängerzone avanciert ist. Gehen Sie bei Nummer 10 in den Eingang **Corso Como 10**. Dort wartet ein echtes Fashion-Highlight. Der Concept Store ist das Gesamtkunstwerk der Mode-Institution Carla Sozzani. Das Café auf der Dachterrasse bietet einen wunderbaren Ausblick auf die neue Skyline des Viertels Porta Nuova. Und: Die Gegend ist auch ein Hotspot im Nachtleben.

Die neue Skyline Porta Nuova – Wolken-kratzer, urbanes Flair und Nostalgie

Charakterstik: Bei einem Streifzug um die Piazza Gae Aulenti staunen Sie über Mailands futuristische Architektur, schicke Läden und einige unversehrte Winkel des ehemaligen Arbeiterviertels Isola **Dauer:** 1 Std. **Länge:** ca. 2,5 km **Einkehrtipp:** Trattoria da Tomaso (▸ S. 35), Garibaldi, Via Gaetano de Castillia 20, Metro: Porta Garibaldi, Tel. 0 26 68 80 23, tgl. Mo–Sa 12–14.30 Uhr €

📖 D 3–D/E 2

Viele Jahre war die Gegend um den Bahnhof Garibaldi und das Stadtviertel Isola eine gigantische Baustelle. Jetzt, wo fast alles fertig ist, lohnt ein Spaziergang durch Mailands »Klein-Manhattan«.

Stazione Garibaldi ▸ Piazza Gae Aulenti

Der Ausgang Corso Como am Bahnhof Garibaldi bietet gleich nach den ersten Schritten ein imposantes Wolkenkratzer-Panorama: Geradeaus die **Torre Unicredit**, derzeit der höchste Wolkenkratzer Mailands. Links fällt der Blick auf zwei eigenwillige Hochhäuser – überall sprießen Bäume und Sträucher aus dem Bau hervor: **Bosco Verticale** (»senkrechter Wald«) heißt das preisgekrönte Objekt, das mit der Bepflanzung einen Beitrag zur Verbesserung der Luftqualität liefert (▸ MERIAN Tipp, S. 20).

📷 FotoTipp

PORTA NUOVA

Von der Piazza Gae Aulenti fängt man ein authentisches Panorama des futuristischen Mailands ein: Palazzo Lombardia, Torre Diamante, Grattacielo Pirelli und Torre Unicredit.   ▸ S. 104

Nehmen Sie die Treppen zur **Piazza Gae Aulenti**, Herzstück des gigantischen Projekts Porta Nuova. Gut gelungen sei der Anschluss des Neubaukomplexes an die historischen Viertel, meinten die einen, gegen »Gentrifizierung und Spekulation« protestierten die Skeptiker.

Auf jeden Fall ist die Piazza Gae Aulenti inzwischen ein belebter Treffpunkt. Zur Mittagspause sind der Brunnen in der Mitte oder das Feltrinelli Red auf der gegenüberliegenden Seite beliebt. Die Buchhandlung bietet auch einen Mittagstisch.

Piazza Gae Aulenti ▸ Via Gaetano de Castillia

Links an der Buchhandlung vorbei geht es über einen Fußgängerviadukt Richtung Via Gaetano de Castillia, rechts kann man einen Blick auf den Wolkenkratzer mit der Aufschrift »Expo«, den **Palazzo Lombardia**, erhaschen. Biegen Sie am Ende des Fußgängerviadukts rechts in die Via Gaetano de Castillia ein. In der Nummer 20 hat die ambitionierte Schmuckmanufaktur Ziio ihren ersten Markenladen eröffnet. Auf der gegenüberliegenden Straßenseite erweckt das neue Museum **Casa della Memoria** Aufmerksamkeit. Auf der Backsteinwand sind mit

Mosaiken bedeutende Episoden aus der Nachkriegsgeschichte Mailands dargestellt.

Rechts sind nun einige eher bescheidene Häuschen zu sehen. Sie trotzen den Walzen, die für das neue Stadtviertel so einiges platt machten, weil sie unter Denkmalschutz stehen. Das Haus, in dem die **Trattoria da Tomaso** seit über 50 Jahren besteht, ist sogar UNESCO-Welterbe. In »Klein-Manhattan«, wie manche Anwohner diese Gegend mittlerweile nennen, ist das Lokal ein Ausdruck stolzen Widerstands des ursprünglichen Arbeiterviertels Isola, das diesen Namen trägt, weil es einst »isoliert«, durch die Bahngleise von der Innenstadt getrennt, war.

Egal, wie Sie Ihren Ausflug planen, um 12 Uhr mittags sollten Sie hier eine Pause einlegen. Man isst an Tischen mit Arbeitern, die Mittagspause haben. Zur Auswahl stehen typische hausgemachte Mailänder Gerichte, die köstlich und preislich gewerkschaftszertifiziert sind – eine kleine Zeitreise, denn rechts weiter auf der Straße residieren die stylishe Pizzeria Naturale (Nr. 24) und das noble Restaurant Ratanà (Nr. 28), die hier nach der Neugestaltung des Viertels eingezogen sind: Die Erwartungen, dass die Gegend viele Kaufkräftige anziehen wird, sind hoch.

Via Gaetano de Castillia ▶ Piazzale Lagosta und zurück

Links hingegen überqueren Sie den Platz und gehen geradeaus weiter die **Via Volturno** entlang. In der Straße sind sowohl Mietshäuser aus den 1970er-Jahren als auch das eine oder andere Schmuckstück mit schmiedeeisernen Balkonen im Art-déco-Stil zu sehen. Auf dem **Piazzale Lagosta** findet vormittags der Wo-

chenmarkt statt. Gehen Sie über die belebte Via Pola und rechts über die Viale Francesco Restelli wieder zurück auf die Via Gaetano de Castillia. In der Nummer 28 hat die **Fondazione Riccardo Catella** ihren Sitz. Hier kann man gratis ein Modell des Porta-Nuova-Projekts bestaunen.

Der Bosco Verticale (▶ MERIAN Tipp, S. 20) ist von oben bis unten begrünt.

Via Gaetano de Castillia ▶ Corso Como

Wieder zurück über den Fußgängerviadukt zur Piazza Gae Aulenti können Sie einen Blick auf die **Giardini di Porta Nuova** werfen, Luxus-Stadtwohnungen im Grünen. Auf der anderen Seite der Piazza Gae Aulenti geht es in den **Corso Como**, inzwischen autofrei und Teil der rekordverdächtigen insgesamt 2,1 km langen Fußgängerzone. Die Ramblas in Barcelona seien schließlich nur 1,5 km lang, verkünden die Projektentwickler stolz.

Monumente der Macht im Zentrum – Ein Streifzug durch die Stadtgeschichte

Charakteristik: Entdecken Sie Mailands Historie an spannenden Orten: von den römischen Ursprüngen über die Glanzzeiten bis zur Bankenkrise **Dauer:** 1,5 Std.
Länge: 2,5 km **Einkehrtipp:** Taverna Moriggi (▸ S. 35), Sant'Ambrogio, Via Moriggi 8, Metro: Carioli, Sant'Ambrogio, Tel. 02 80 58 20 07, www.taverna moriggi.com, Mo–Fr 12.30–14.30, 18.30–1 Uhr €

 📘 D 5–C 5/6

Mailands Geschichte ist über 2000 Jahre alt und hat viele beeindruckende Zeugnisse hinterlassen, aber auch skurrile Details, die auf trubeligen Plätzen und in beschaulichen Winkeln überraschen.

Dom ▸ Via Torino

Gehen Sie rechts am Dom vorbei geradeaus in die Via dell'Arcivescovado bis zur **Piazza Fontana**, auf der sich eine der größten Tragödien Mailands abspielte: 1969 explodierte vor der Banca Nazionale dell'Agricoltura eine Bombe, die 17 Menschen tötete und weitere 88 schwer verletzte – der erste rechtsterroristische Anschlag in der italienischen Nachkriegsgeschichte.

Überqueren Sie den Platz und biegen Sie rechts in die geschäftige Via Larga ein, gleich links auf der anderen Seite wird es auf der Piazza Santo Stefano wieder beschaulich. Ein wahres Kuriosum stellt links die kleine Kirche **San Bernardino alle Ossa** dar (▸ MERIAN Tipp, S. 21). »Zu den Knochen« bedeutet der Beiname, denn im Ossarium rechts in der Kapelle sind an allen Wänden Knochen und Schädel aufgereiht – bis zur Decke hinauf, fein säuberlich hinter Gitter. Die Gebeine stammen von den Toten des Spitals San Barnabas, die hier untergebracht wurden.

Gehen Sie zurück zur Via Larga und biegen Sie in die kleine Via Santa Tecla ein. Geradeaus fällt der Blick auf den schlanken achteckigen Turm der Kirche **San Gottardo in Corte**, ein außergewöhnliches Werk, das der mächtigen Familie Visconti zu verdanken ist, die lange Zeit Mailand und die Lombardei regierte. Geradeaus weiter biegen Sie in die Via Rastrelli ein. Überqueren Sie nun die Piazza Armando Diaz. Nach der Via Giuseppe Mazzini biegen Sie rechts in die Via Speronari ein. Links fällt der Blick auf die Kirche **Santa Maria presso San Satiro**. Im Innern kann man über ein weiteres Kuriosum staunen: Durch die illusionistische Malerei wirkt der weniger als ein Meter tiefe Chor wie eine echte Apsis.

Via Torino ▸ Piazza degli Affari

Auf der quirligen Via Torino biegen Sie links ab. Wer jetzt schon Hunger hat, überquert die Straße. In der Via Spadari lockt das Gourmetparadies **Peck** ⭐ mit allerlei Köstlichkeiten. Sonst geht es auf der anderen Straßenseite bei der ersten Gelegenheit rechts auf die Piazza Santa Maria Beltrade, dann weiter über die Via delle Asole links in die Via Cardinal Federico zur Piazza San Sepolcro. Sie befinden sich jetzt im Herzen der antiken römischen Stadt Mediolanum. Die Kirche **San Sepolcro** wurde während der romanischen Zeit gebaut, in der Krypta sind noch Zeugnisse aus dieser Zeit zu sehen. Am Ende rechts befindet sich die **Pinacoteca Ambrosiana**. An der linken Seite des Platzes geht es in die Via del Bollo und geradeaus weiter, bis Sie halb rechts durch einen Torbogen die Piazza degli Affari betreten, den Platz der Mailänder Börse. In der Mitte steht ein riesiges Denkmal, das »**Monumento L.O.V.E.**« (▶ MERIAN Tipp, S. 20). Den »Stinkefinger« gestaltete der in New York lebende italienische Künstler Maurizio Cattelan, der mit seinen Werken gern provoziert. Die Skulptur steht ausgerechnet vor der Börse, was deren Direktor kurzzeitig erboste.

Piazza degli Affari ▶ Basilica di Sant'Ambrogio

Gehen Sie wieder zurück durch den Torbogen und die Straße weiter geradeaus. An der nächsten Ecke biegen Sie im 45-Grad-Winkel in die Via Borromei, dann in die erste kleine enge Straße rechts ein. An der Ecke mit der Via Morigi ist es Zeit für eine Rast. In der Traditionskneipe **Moriggi** wartet Mailänder Hausmannskost im authentischen, wenngleich schon etwas in die Jahre gekommenen Ambiente.

Weiter in die Via Vigna, die zur Via Santa Valeria wird, vorbei an alten Häusern und romantischen Höfen, gibt die Straße schließlich den Blick frei auf den mächtigen Komplex **Sant'Ambrogio**. Zugleich beginnt hier das Universitätsviertel. Am Ende des Platzes links ist der ehrwürdige Eingang der **Università Cattolica del Sacro Cuore** zu sehen. Über den großzügigen Platz geht es zur Basilica di Sant'Ambrogio, benannt nach dem Bischof, der später zum Stadtpatron wurde.

Den Stinkefinger (▶ MERIAN Tipp, S. 20) vor der Börse mag mancher Börsianer als Provokation werten, der Künstler aber nennt ihn »Monumento L.O.V.E.«.

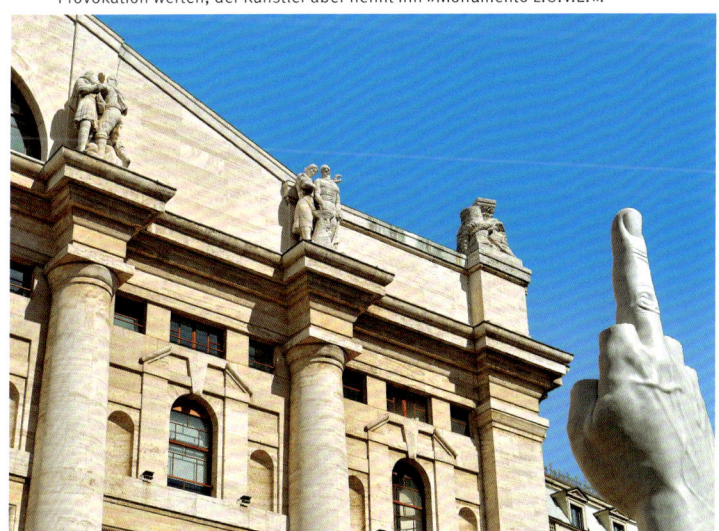

AUSFLÜGE IN DIE UMGEBUNG
Bergsee Lago di Como

Charakteristik: Mediterranes Flair, mondäne Städtchen und frische Bergluft, das lieben auch die Mailänder an ihrem Wochenendziel **Anfahrt:** Nur eine Stunde mit dem Zug (bei stündlichen Verbindungen) dauert die Fahrt von Milano Cadorna, Centrale oder Garibaldi nach Como. Mit dem Auto geht es über die Autostrada dei Laghi (A9) nach Como **Dauer:** Tagesausflug **Länge:** 75 km **Einkehrtipp:** La Punta, Punta Spartivento, Bellagio, Tel. 0 31 95 18 88, www.ristorantelapunta.it, tgl.12–14.30, 19–22.30 Uhr €€€ **Auskunft:** I.A.T. Como, Piazza Cavour 17, Como, www.lakecomo.it und www.navigazionelaghi.it (für Bootstouren auf dem See)
Karte ▶ Klappe vorne, c 2–d 1

Strahlend blau ist der tiefste See Italiens, umgeben von Bergen, die bis zu 2400 m in den Himmel ragen. Am Ufer blüht der Rhododendron. Mediterranes Klima lässt die subtropische Vegetation bis weit die Hänge hinauf gedeihen. In den Buchten blitzen weiß die Kiesstrände hervor, Adlige und reiche Kaufleute erbauten an den Ufern des Sees prunkvolle Villen und legten Gärten mit mediterranen Pflanzen an. Heute laden die Promenaden der Uferstädtchen zum Flanieren ein. Die Städtchen Como und Bellagio mit ihrem historischen Altstadtkern lohnen einen Bummel. Nicht nur betuchte Mailänder haben hier ihren Wochenendsitz, auch George Clooney ruht sich in seiner 25-Zimmer-Villa im Dörfchen Laglio am Westufer gerne von seinem Promi-Stress aus.

Como
Como ist römischen Ursprungs und der einzige Ort am See, der mit ca. 85 000 Einwohnern eine echte Stadt ist. Zu den sehenswerten Baudenkmälern zählt der **Dom** mit gotischer Fassade und Kuppel aus dem 17. Jh., daneben der Turm des städtischen Rathauses aus dem 13. Jh. Ein sehr eigenwilliges Beispiel der Romanik ist die **Basilica di San Fedele**, wohingegen die **Basilica di Sant'Abbondio**, erbaut im 11. Jh., Fresken aus dem 14. Jh. birgt. Die **Casa del Fascio** und das **Asilo Sant'Elia** sind dagegen Meisterwerke des italienischen Rationalismus.

Seide aus Como steht bis heute für hervorragende Qualität, schließlich gehört die Stadt zu den führenden Zentren der Seidenverarbeitung. Im Traditionsgeschäft **Binda** in der Via Cadorna können Sie die kostbaren Stoffe bewundern. Im **Museo Didattico della Seta** erhält man Einblick in die Seidenverarbeitung.

Am Jachthafen am südlichsten Ende des Sees ist die **Pasticceria Monti** an der Piazza Cavour ein gutes Plätzchen, um die Schönen und Reichen auf ihren Luxusschiffen zu bestaunen, und ein guter Startpunkt für einen Spaziergang am Ufer entlang.

Bellagio
Oder Sie entscheiden sich für eine Bootsfahrt. Die klassische Rundfahrt führt zum reizvollsten Ort des Comer Sees: Bellagio. Der ehemalige Fischerort, heute der mondänste Platz am See, liegt an der Spitze der

Halbinsel zwischen Como und Lecco. Palazzi und Villen prägen das Stadtbild, sehenswert sind die **Villa Serbelloni** und die **Villa Melzi**. Erstere ist heute ein Grandhotel, Eigentümer ist die Rockefeller-Stiftung aus New York, die Künstlern dort vierwöchige Schaffensphasen ermöglicht. Der Garten der Villa kann besichtigt werden. Das Villenhotel Melzi gehört heute Herzog Gallarati-Scotti. Die zauberhaften Gärten mit heimischen und tropischen Pflanzen, Magnolien, Kamelien und Azaleen sind der Allgemeinheit zugänglich.

Eilige nehmen die Touristenbahn, die vom Fähranleger aus die wichtigsten Sehenswürdigkeiten Bellagios ansteuert. Ein gemächlicher Rundgang führt durch den malerischen Ort mit bunten Häusern und steilen Gassen zur **Punta di Spartivento** (Ort des geteilten Windes). Ihr verdankt Bellagio seinen Namen (bellagio = bello lago, »schöner See«). Hier genießen Sie das schönste Seepanorama, umrahmt von Bergen, mit Blick auf die Orte am gegenüberliegenden Ufer. Es lohnt die Einkehr im Restaurant **La Punta**.

Am gegenüberliegenden Ufer beim Ort **Tremezzo** erhebt sich ein Märchenschloss über dem See, die **Villa Carlotta** vom Ende des 17. Jh., mit Kunstsammlung und großem Garten mit Azaleen und Rhododendren, die von Ende April bis Mai blühen.

Mitte Mai findet in **Menaggio** ein Blumenfest mit Musik statt (www.menaggio.com).

INFORMATIONEN

Dom
Como • Piazza Duomo 6 • www.cattedraledicomo.it

Museo Didattico della Seta (Didaktisches Seidenmuseum)
Como • Via Castelnuovo 9 • Tel. 0 31 30 31 80 • Di–Fr 9–12, 15–18 Uhr • Eintritt 10 €, Schüler 4 €

Villa Serbelloni
Bellagio • Via Roma 1 • Tel. 0 31 95 02 16 • www.villaserbelloni.com • Garten Di–So 11–16 Uhr • Eintritt frei

Mediterranes Flair in Norditalien: der Lago di Como (▶ S. 108).

Villa Melzi
Bellagio • Lungolario Manzoni • www.giardinidivillamelzi.it • tgl. 10–18 Uhr • Eintritt 6,50 €

Villa Carlotta
Tremezzo • Via Regina 2 • www.villacarlotta.it • tgl. 10–18 Uhr, Ende März–Okt. 9–19.30 Uhr • Eintritt 9 €

Königliches Monza

Charakteristik: Die einstige Königsresidenz erstrahlt nach der Renovierung wieder in neuem Glanz, die weltberühmte Formel-1-Rennstrecke liegt mitten im königlichen Park, und die Königskrone der Langobarden im Dom ist die älteste Europas
Anfahrt: Der Zug braucht gerade mal 20 Minuten vom Bahnhof Porta Garibaldi nach Monza (Abfahrten stündlich). Mit dem Auto über die Strada Statale 36
Dauer: Halbtags-/Tagestour **Länge:** 25 km **Einkehrtipp:** Derby Grill, Viale Regina Margherita di Savoia 15, Tel. 03 93 94 21, www.derbygrill.it €€€ **Auskunft:** www.promonza.it
Karte ▶ Klappe vorne, d 3

Monza ist die Heimat von Ferrari, von Technikern und Ingenieuren, die die roten Karossen mit Hingabe umsorgen. Einmal im Jahr beim Formel-1-Rennen verwandelt sich das Städtchen nördlich von Mailand in einen Hexenkessel, an anderen Tagen ist es hier eher beschaulich.

Villa Reale

Der Park ist mit knapp 700 Hektar fast doppelt so groß wie der Central Park in New York. Mit seinen Golf- und Poloplätzen und einer Galopprennbahn ist er ein beliebtes Wochenendziel der Mailänder. Gleich am Eingang beeindruckt die Villa Reale im klassizistischen Stil. Die österreichische Kaiserin Maria Theresia ließ die Villa 1777 als Sommerresidenz für ihren Sohn Ferdinand I. erbauen. Der Prachtbau war die private Residenz erst der österreichischen und später der italienischen Königsfamilie. Heute finden hier wechselnde Ausstellungen statt.
Die Villa Reale wurde vom Architekten Giuseppe Piermarini gebaut und ist in drei Hauptblöcke unterteilt, die in U-Form angeordnet sind. Erst kürzlich wurde sie restauriert. Eindrucksvoll sind die Architektur, Gemälde, Fresken, Skulpturen sowie die antiken Möbel in der Villa.

Die königlichen Gärten

Ursprünglich orientierte sich der Architekt an den regelmäßigen geometrischen Formen der französischen Parks, fügte dann aber beidseitig von Bäumen gesäumte Alleen hinzu, die die Villa Reale symbolisch mit Mailand verbinden sollten. Auf diese Weise sollte die Macht und Herrlichkeit des Prinzen unterstrichen werden. Heute spielen die Gärten auch in der Ökobilanz der Stadt eine Rolle. Viele Pflanzen- und Tierarten finden hier einen geschützten Lebensraum vor. Bemerkenswert sind vor allem zwei enorme Eichen, die schon seit mehr als 200 Jahren hier verwurzelt sind. Besonders bezaubernd ist der Rosengarten, angelegt auf welligem Terrain mit einem kleinen See.

Das Autodromo Nazionale

Am anderen Ende des Parks befindet sich die Rennstrecke, die seit den 1920er-Jahren Austragungsort des Großen Preises von Italien ist. Mit etwa 70 % Vollgasanteil wegen der langen Geraden gilt die Strecke in Monza als letzte Hochgeschwindigkeitsstrecke der Formel 1. Den bis heute ungebrochenen Geschwindigkeitsrekord von 369,9 km/h stellte 2004 Antonio Pizzonia auf und verwies damit Michael Schumacher auf den zweiten Platz, der ein Jahr zuvor 368,8 km/h erreicht hatte. Wenn keine Veranstaltung stattfindet, können nen Sie die Formel-1-Rennstrecke besichtigen.

Der Dom

Der Dom von Monza im Stadtzentrum zieht in der Altstadt die meiste Aufmerksamkeit auf sich. Im 6. Jh. wurde das Gotteshaus von Königin Teodolinda gegründet. Der Dom ist San Giovanni Battista, dem Schutzpatron der Stadt, gewidmet.

Die mächtige Mailänder Dynastie Visconti ließ den Dom mit seiner prachtvollen grün-weißen Marmorfassade und seinen weltberühmten Fresken im Inneren im 14. Jh. umbauen. Im **Domschatzmuseum** ist die »Eiserne Krone«, die Königskrone der Langobarden, das Prunkstück. Sie stammt vom Anfang des 9. Jh. und schmückte einst die Häupter der langobardischen Könige. Sie ist vermutlich die älteste Krone Europas und besteht aus einem sechsteiligen, grün emaillierten und mit Edelsteinen besetzten goldenen Reif. Sie ist also gar nicht aus Eisen. Ihren Namen hat sie aufgrund eines Eisenreifs im Inneren, der – das glaubte man zumindest im Mittelalter – aus einem Nagel vom Kreuz Jesu Christi hergestellt war.

Auch der mittelalterliche **Arengario** auf der Piazza Roma – ein Repräsentationsbau der wohlhabenden Bürgerschaft Monzas aus dem 13. Jh. – lohnt einen Besuch. Das Erdgeschoss mit den offenen Arkaden diente als Markthalle und öffentlicher Ort für Gerichtsverhandlungen.

In Monza erlebte das italienische Königshaus neben Glanzzeiten auch das größte Drama seiner Geschichte: Am 29. Juli 1900 wurde der italienische König Umberto I., als er sich in einer offenen Kutsche feiern ließ, von dem Anarchisten Gaetano Bresci aus der Menge heraus erschossen.

INFORMATIONEN

Villa Reale
Viale Brianza 1 • www.reggiadimonza. it • Sa–Do 10–19, Fr 10–22 Uhr • Eintritt 18 €, nur königl. Gemächer 10 €, mit Belvedere 12 €

Der Rosengarten in den königlichen Gärten von Monza (▸ S. 110).

Autodromo Nazionale Monza
Tickets für die Formel-1-Rennen unter www.ticketone.it

Museo e Tesoro del Duomo
Via Lambro • www.museoduomo monza.it • Di–So 9–13 und 14–18 Uhr • Eintritt 7 €, »Eiserne Krone« mit Führung 4 €

Die Stazione Centrale (▶ S. 87), fertiggestellt unter Mussolini,
ist einer der größten Bahnhöfe Europas.

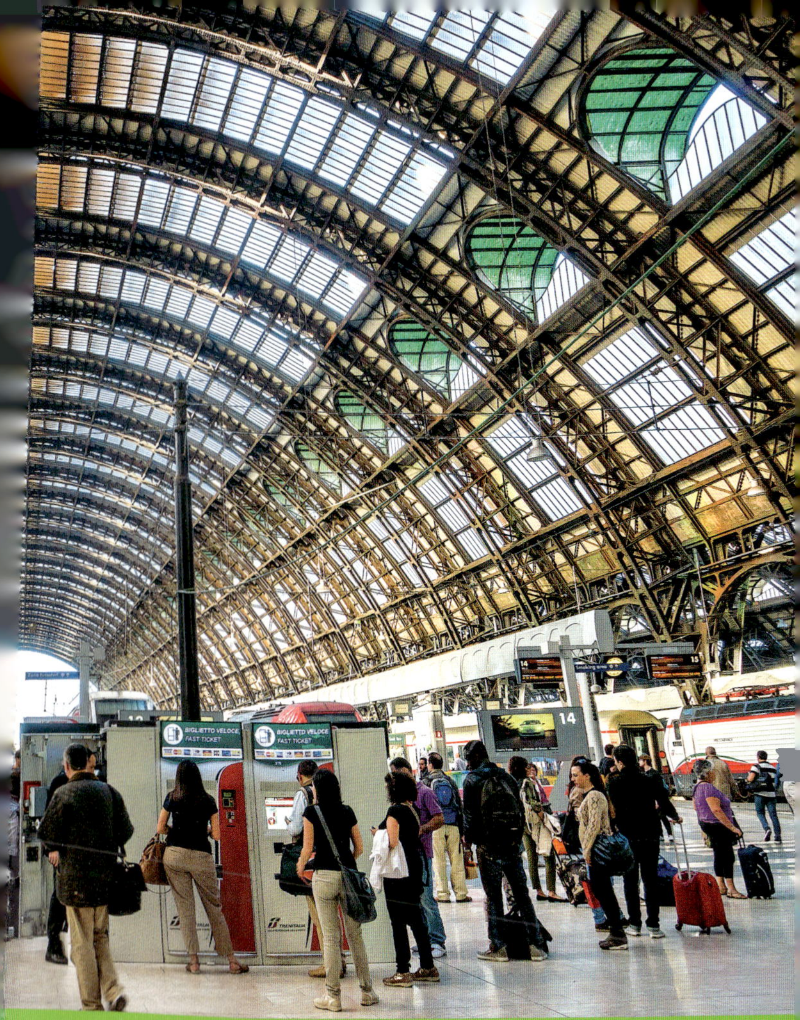

Wissenswertes über
Mailand

...tionen für einen gelungenen Aufenthalt: Fakten
...e und Geschichte sowie Reisepraktisches von A–Z.

Auf einen Blick

Mehr erfahren über Mailand – Informationen über Land und Leute, von Bevölkerung über Lage, Geografie und Politik bis Wirtschaft.

Amtssprache: Italienisch
Bevölkerung: 84,6 % Italiener, 15,4 % Ausländer
Einwohner: 1,35 Mio. (Großraum: 7,85 Mio.
Fläche: 182 km²
Internet: www.comune.milano.it
Religion: überwiegend römisch-katholisch
Verwaltung: 9 Zonen
Währung: Euro

Bevölkerung

Mailand ist mit den umliegenden Städtchen in den letzten Jahrzehnten stark zusammengewachsen, sodass in der Metropolregion »Grande Mi-lano« heute insgesamt 7,85 Millionen Menschen leben.

Nach dem Zweiten Weltkrieg kamen Arbeitssuchende zunächst aus dem Süden Italiens, um hier in den Industrieunternehmen Beschäftigung zu finden. Später folgten Einwanderer unter anderem von den Philippinen, aus Korea, China, Peru, Sri Lanka und Ecuador.

Lage und Geografie

Die wirtschaftliche Bedeutung der Stadt war ursprünglich an die Lage mitten in der Po-Ebene nahe der A... penübergänge gekoppelt. Das St... gebiet ist von den Flüssen Ol...

◄ Durchs Mailänder Stadtzentrum verkehrt eine Straßenbahn (▶ S. 122).

Westen und Lambro im Osten umgeben. Bereits im Mittelalter war die Stadt durch die Kanäle (die Navigli) mit den oberitalienischen Seen und den lombardischen Flüssen verbunden, was bis in die Mitte des 20. Jh. von maßgeblicher Bedeutung war. Durch die Lage in der fruchtbaren Ebene spielte auch die Landwirtschaft immer schon eine wichtige Rolle für die Lombardei.

Politik

Mailand ist die zweitgrößte Stadt Italiens und Hauptstadt der Region Lombardei sowie der Provinz Mailand. Politisch war die Stadt lange Zeit das Machtzentrum des Medienmoguls Silvio Berlusconi. Der gebürtige Mailänder gründete hier 1993 die Partei Forza Italia, die 1994 siegreich ins italienische Parlament einzog. Bis 2011 war Berlusconi insgesamt viermal mit rechtskonservativen Koalitionen Ministerpräsident Italiens. Nach Steuerhinterziehungs- und anderen Skandalen ist er inzwischen rechtskräftig verurteilt. Er verlor sein Mandat, mehrere Verfahren, u. a. wegen Steuerbetrugs, sind noch anhängig.
Die Regierungszeit der rechtspopulistischen Lega Nord und der Forza Italia in Mailand, die von 1993 bzw. 1997 bis 2011 den Bürgermeister stellten, geht ebenfalls als skandalträchtig und von Korruption geprägt in die Geschichtsbücher ein. Seitdem führt der parteilose Giuliano Pisapia eine Mitte-Links-Koalition, zurzeit mit 29 von 48 Sitzen im Stadtrat, und versucht, den Korruptionssumpf auszutrocknen.

Viel kritisiert wird dennoch die gesamte Planungsphase zum Großereignis Expo 2015. Korruption und organisiertes Verbrechen brachten das Event in Misskredit, mehrere Personen wurden verhaftet, unter ihnen der Expo-Manager, diverse Politiker, Unternehmer sowie Mitglieder der 'Ndrangheta, eine der mächtigsten kriminellen Organisationen der Welt. Die Regierung in Rom setzte Experten als Kontrolleure ein, schließlich wurden 1,3 Milliarden Euro in die Expo investiert, die Italien wirtschaftlich nach vorne bringen soll. Viele Mailänder haben allerdings den Glauben an die Politik in ihrer Stadt verloren.

Wirtschaft

Seit der Gründung von Alfa Romeo 1910 ist Mailand die Industriemetropole Italiens und einer der bedeutendsten Wirtschaftsstandorte Europas. Von den 200 größten nationalen Unternehmen hat rund die Hälfte ihren Sitz hier. Mit einem Bruttosozialprodukt von 132 Milliarden Euro trägt die Stadt 9 % zur nationalen Wirtschaftsleistung bei.
Neben der Automobilindustrie sind die Modebranche, Chemieindustrie, Medizintechnik und Biotechnologie, der Maschinenbau und Finanzsektor bedeutend. Mailand ist Sitz der Wertpapierbörse. Auch wenn die Finanzkrise ihre Spuren hinterlassen hat, ist das Pro-Kopf-Einkommen noch immer das höchste Italiens und liegt bei knapp 130 % des EU-Durchschnitts, doch die Lebenshaltungskosten sind hoch. Die Arbeitslosenquote ist mit 7,7 % (2012) im Großraum Mailand im nationalen Vergleich niedrig. Die Lombardei ist weiterhin eine der wohlhabendsten Regionen Europas.

Geschichte

400 v. Chr.
Ursprüngliche Besiedelung durch keltische Insubrer.

222 v. Chr.
Die Römer erobern die Siedlung und taufen den Ort Mediolanum (»mittlere Ebene«).

293
Kaiser Diokletian ernennt Mailand zur Hauptstadt des Weströmischen Reiches.

313
Kaiser Konstantin erlässt das Mailänder Toleranzedikt, das Religionsfreiheit gewährt.

374–397
Der hl. Ambosius wird Bischof von Mailand und übt Einfluss auf die kulturelle Entwicklung der Stadt aus.

402
Die Westgoten erobern Mailand, 452 fallen die Hunnen ein, 539 die Ostgoten.

569
Die Langobarden dringen in Oberitalien ein.

774
Mailand wird Teil des Frankenreiches.

1162
Im Eroberungskrieg durch Kaiser Friedrich I. (Barbarossa) wird Mailand fast zerstört.

1167
Mailand übernimmt im Lombardischen Städtebund die Führungsrolle.

1277
Die Visconti kommen an die Macht und bringen der Stadt Wohlstand.

1450
Das Adelsgeschlecht der Sforza übernimmt die Stadt. Unter Ludovico »il Moro« erlebt Mailand eine Blüte. Leonardo da Vinci wird am Hof angestellt.

1499
Der französische König Ludwig XII. erhebt Anspruch auf Mailand und vertreibt Ludovico Sforza.

1515
Nach der Schlacht bei Marignano zwischen der Eidgenossenschaft und Frankreich wird Mailand dem französischen Kaiser Franz I. zugesprochen.

1525
Karl V. besiegt Frankreich, Mailand fällt an das Haus Habsburg.

1556
Nach der Abdankung Karl V.
fallen alle italienischen Besitzun-
gen an die spanische Linie der
Habsburger.

1560
Carlo Borromeo wird Erzbischof
von Mailand.

1701–1780
Nach dem spanischen Erbfolge-
krieg fällt das Herzogtum Mailand an die österreichischen
Habsburger.

1796
Napoleon erobert die Lombardei
und erklärt Mailand zur »Cisalpi-
nischen Republik«, 1805 wird er
im Dom von Mailand zum König
von Italien gekrönt.

1815
Mailand fällt nach dem Wiener
Kongress an die Österreicher.

1848
Der Fünf-Tage-Aufstand gegen
die Herrschaft der Habsburger
scheitert an den österreichischen
Truppen unter Feldmarschall
Josef Radetzky.

1859
Nach der Schlacht von Solferi-
no fällt die Lombardei an Viktor
Emanuel II. aus dem Hause
Sardinien-Piemont.

1922
»Marsch auf Rom« (Macht-
übernahme der Faschisten unter
Benito Mussolini).

1943–1945
Widerstand gegen die deutsche
Besetzung. Der 25. April wird als
Tag der Befreiung gefeiert.

1946
Italien wird Republik, König
Umberto II. geht ins Exil.

1955
Das Pirelli-Hochhaus wird
eingeweiht.

1992
Mailander Staatsanwälte ermitteln
im Korruptionssumpf.

1994
Silvio Berlusconi gründet die Forza
Italia und gewinnt kurz darauf die
Parlamentswahlen.

1997–2011
Ein Rechtsbündnis mit Beteiligung
der Forza Italia stellt den Bürgermeister.

Mai 2011
Der parteilose Pisapia gewinnt
die Wahlen und regiert Mailand
seither mit einer Mitte-Links-
Koalition.

2015
Die Expo 2015 steht unter dem
Motto »Feeding the Planet, Energy
for Life«.

Reisepraktisches von A–Z

ANREISE

MIT DEM AUTO

Autobahnen führen von München (über Kufstein, Brenner, Verona), Österreich (Villach, Venedig, Verona) und der Schweiz (Aosta bzw. Lugano und Como) nach Mailand. In Österreich und der Schweiz benötigt man eine **Vignette**. Die Vignette in der Schweiz ist ein Jahr gültig und kostet 40 SFr. In Österreich ist die 10-Tage-Vignette am günstigsten. In Italien fallen **Autobahngebühren** an, für Mailand und Brenner betragen sie derzeit etwa 20 € (einfach).

Wie sinnvoll es ist, mit dem Auto anzureisen, hängt vom Einzelfall ab: Wer sich nur in Mailand aufhalten will, dem seien aufgrund des meist dichten Verkehrs die günstigen und zuverlässigen öffentlichen Verkehrsmittel empfohlen. Das Auto besser in einem der **Parkhäuser** außerhalb der Stadt abstellen: im Norden in der Nähe der A4, an der Kreuzung der Autostrada dei Laghi (A8, A9), im Süden an der Tangenziale Ovest (A 50) oder an der Ausfahrt der Autostrada Venezia (A4), dann fährt man mit der U-Bahn ins Zentrum. Unter www.atm.it sind die Park-and-Ride-Adressen (»Parcheggi e sosta«) mit den entsprechenden U-Bahnanschlüssen in der Stadt gelistet.

In der Stadt selbst ist es fast unmöglich, einen Parkplatz zu finden. Zudem fällt im Innenstadtbereich eine Parkgebühr von 5 € pro Tag an.

MIT DEM ZUG

Internationale Züge kommen am **Hauptbahnhof** (Milano Centrale) an. Auskünfte über Zugverbindungen erhält man am Informationsschalter gegenüber von Gleis 20/21 (7–23 Uhr), telefonisch unter 89 20 21 oder im Internet unter www.trenitalia.com. Tickets gibt es an den Automaten, zahlen kann man mit Kreditkarte.

Der Bahnhof der Ferrovie Nord ist **Cadorna**, der bedeutendste Abfahrtsbahnhof Richtung Norden. Die meisten Pendler fahren hier ab oder kommen morgens an. Informationen unter www.trenord.it oder www.ferrovienord.it oder telefonisch (nur aus Italien) 8 00 50 00 05.

MIT DEM FLUGZEUG

Mailand hat drei Flughäfen: **Malpensa** (www.airportmalpensa.com) liegt ca. 45 km vom Zentrum entfernt und ist ein Kreuz für internationale Linienflüge. Ein Taxi in die Innenstadt kostet 90 €. Der Zug »Malpensa Express« (www.malpensaexpress.it) fährt von Terminal 1 im 30-Minuten-Takt zum Bahnhof Cadorna oder Milano Centrale (12 €, 1–1,5 Std.), der Bus »Malpensa Shuttle« (www.malpensashuttle.it) zum Hauptbahnhof (10 €, 45 Min.) und zum Flughafen Linate (13 €, 90 Min.).

Der Flughafen **Linate** (www.linate-airport.com) liegt 7 km vom Zentrum am südöstlichen Stadtrand. Hier werden hauptsächlich Inlandsflüge abgewickelt, aber auch internationale Kurzstreckenflüge. Ein Taxi ins Zentrum kostet ca. 20 €, mit dem Shuttlebus dauert es ca. 30 Min. zum Hauptbahnhof, der »Air Bus« (www.atm-mi.it) verlangt z. B. 5 € einfach, 9 € hin und zurück.

Der dritte Flughafen ist der kleinere **Orio al Serio** (www.sacbo.it), 50 km nordöstlich von Mailand, außerhalb von Bergamo. Hier starten und landen Billigfluglinien wie Ryan Air. Busse fahren ins Stadtzentrum (1 Std., 6,50 €, hin und zurück 12,50 €).

AUSKUNFT

FÜR DEUTSCHLAND UND DIE SCHWEIZ

Italienische Zentrale für Tourismus ENIT

Direktion für die deutschsprachigen Länder, Benelux, Mitteleuropa • Barckhausst. 10 D • 60325 Frankfurt am Main • Tel. +49 69 23 74 34 • www.enit-italia.de

IN ÖSTERREICH

Italienische Zentrale für Tourismus ENIT

Mariahilfer Str. 1B • 1060 Wien • Tel. +43 1 5 05 16 39 • www.enit.at

IN MAILAND D 5, E 3

– Galleria Vittorio Emanuele II, Ecke Scala • Tel. 88 45 55 55 • Mo–Fr 9–19, Sa 9–18 Uhr, So, Feiertage 10–18 Uhr (außer 25. Dez., 1. Jan., 1. Mai)
– Informationsbüro am Hauptbahnhof, Abfahrtshalle an der Seite von Gleis 21 • Mo–Fr 9–17, Sa, So, Feiertage 9–12.30 Uhr (außer 25. Dez., 1. Jan., 1. Mai)

BUCHTIPPS

Umberto Eco: Das Foucaultsche Pendel (dtv 1992) In einem dubiosen Dokument aus dem 14. Jh. ist von »36 Unbekannten«, Nachfahren der mysteriösen Tempelritter, die Rede. Drei Mailänder Verlagslektoren und Experten in Okkultismus wittern eine Verschwörung.
Alessandro Manzoni: Die Brautleute (dtv 2003) Manzoni ist einer der berühmtesten Bürger Mailands, sein Werk »I Promessi Sposi« ein Klassiker der Weltliteratur: Der Hochzeit des jungen Brautpaars Renzo und Lucia stellen sich unüberwindliche Hindernisse in den Weg: bis hierher Stoff für eine Soap. Doch der Hintergrund der Liebesgeschichte lässt das Werk zu einer vortrefflichen Analyse der politischen und gesellschaftlichen Verhältnisse im Mailand und der Lombardei des 17. Jh. werden.
Giorgio Scerbanenco: Das Mädchen aus Mailand (btb Verlag 2003) Vom »Vater des italienischen Krimis«: Im Mailand der 1960er-Jahre verschafft Kommissar Carrua dem Arzt Duca Lamberti nach drei Jahren Gefängnis, zu denen er wegen Sterbehilfe verurteilt wurde, einen reichen alkoholkranken Patienten, doch bald muss der Arzt den vermeintlichen Selbstmord einer jungen Prostituierten aufklären.

DIPLOMATISCHE VERTRETUNGEN

Generalkonsulat der Bundesrepublik Deutschland D 4

Garibaldi • Via Solferino 40 • Metro: Moskova • Tel. 0 26 23 11 01 • www.mailand.diplo.de

Generalkonsulat Österreich D 5

Centro Storico • Piazza del Liberty 4/8 • Metro: Duomo • Tel. 02 78 37 43 • www.bmeia.gv.at/botschaft/gk-mailand.html

Generalkonsulat der Schweiz

 E 4

Porta Venezia • Via Palestro 2 • Metro: Palestro • Tel. 0 27 77 91 61 • www.eda.admin.ch/milano

FEIERTAGE

1. Jan. Neujahr
6. Jan. Dreikönigsfest
Ostersonntag

25. April Tag der Befreiung
1. Mai Tag der Arbeit
2. Juni Tag der Republikgründung
15. Aug. Mariä Himmelfahrt
1. Nov. Allerheiligen
7. Dez. St. Ambrosius (Fest des Stadtpatrons)
8. Dez. Mariä Empfängnis
25. und 26. Dez. Weihnachten

FESTE UND EVENTS
JANUAR
Corteo dei Re Magi
Historischer Umzug durch die Altstadt zu Ehren der Heiligen Drei Könige am 6. Januar.

FEBRUAR
Carnevale Ambrosiano
Von Aschermittwoch bis »sabato grasso« (fetter Samstag) wird mit Festwagen und Verkleidung in der Altstadt Karneval gefeiert.

MÄRZ
Radrennen Milano–San Remo
Der Klassiker des Radsports findet am 3. Samstag im März statt. Bis zur ligurischen Küste sind es ca. 300 km.

APRIL
Salone internazionale del Mobile
Die größte Möbelmesse der Welt.
salonemilano.it/it-it

MAI
Arte sul Naviglio
Über 200 Künstler stellen am Ufer des Naviglio Grande ihre Werke aus.
www.artesulnaviglio.mi.it

JUNI
Festa dei Navigli
Kleidung, Spielzeug, Lebensmittel, Pflanzen und Kunsthandwerk – und vor allem gastronomische Spezialitä-ten gibt es an den Ständen am 1. Sonntag im Juni von 9–18 Uhr.

Sagra di San Cristoforo
Am 3. Sonntag im Juni huldigt die Stadt dem Schutzheiligen der Reisenden auf dem Platz vor der Kirche San Cristoforo sul Naviglio mit Ständen und einer Prozession.

SEPTEMBER
Milano Moda Donna
Sept. (und Feb.) ist die Zeit der großen Modenschauen.
www.milanomodadonna.it/en

DEZEMBER
Festa di San Ambrogio
Am 7. Dez. wird der Stadtpatron mit Prozessionen und Messen gefeiert.

Fiera degli Oh Bej! Oh Bej!
Vom 5. bis 8. Dez. wird mit einem großen Markt beim Castello Sforzesco das farbenfrohe Stadtfest zu Ehren des Schutzpatrons gefeiert.

GELD
An den Geldautomaten ist sowohl mit EC-Karte als auch mit Kreditkarte Geld erhältlich.

LINKS UND APPS
LINKS
ciaomilano.it
Infos über Hotels und Ausgehtipps in englischer Sprache
www.comune.milano.it
Die regelmäßig aktualisierte Homepage der Stadt
www.turismo.milano.it
Seite der Touristeninformation von Mailand
www.vivimilano.corriere.it
Aktuelle Veranstaltungstipps von der Zeitung »Corriere della Sera«

www.wheremilan.com
Stadtmagazin mit Ausgehtipps und Neuigkeiten aus der Kulturszene

APPS
Mehrere Apps bietet die Tourismusbehörde an: Der **Guida Milano** (Android und iOS, gratis) enthält allgemeine Informationen über Stadt und Geschichte, **Eventi Milano** informiert über Veranstaltungen.
Milan & More
Stef Smulders verrät Insidertipps und stellt rund 400 Lokalitäten mit Bildern, Texten und Websites vor.
Android und iOS • engl. • ca. 1 €
Osterie d'Italia
Der konkurrenzlose kulinarische Reiseführer für alle Italienfans.
iOs • 14,99 €, einzelne Reg. ab 1,79 €

MEDIZINISCHE VERSORGUNG
KRANKENVERSICHERUNG
Die Europäische Versicherungskarte EHIC ist gültig, für die zusätzliche Absicherung (etwa für einen Krankenrücktransport) empfiehlt sich der Abschluss einer Auslandskrankenversicherung (ab 8 € im Jahr).

KRANKENHAUS
In Zentrumsnähe befindet sich das Krankenhaus **Fatebenefratelli**.
Porta Nuova • Corso di Porta Nuova 23 • Metro: Repubblica • Tel. 0 26 36 31 • www.fbfmilano.com/fbf

APOTHEKE
Die Apotheke am Hauptbahnhof, Piazza Duca d'Aosta, ist wie die Farmacia Stazione Garibaldi am Bahnhof Garibaldi täglich durchgehend geöffnet.

NEBENKOSTEN
1 Tasse Caffè/Espresso . . . . 1 €
1 Tasse Cappuccino . . . . 1,30 €
1 Glas Rotwein . . . . 3 €
1 Cola (in der Bar) . . . . 3 €
1 Kugel Eis . . . . 1 €
1 Brot (ca. 500 g) . . . . ab 1,50 €
1 Liter Benzin . . . . ab 1,70 €
Einzelfahrt mit öffentlichen
    Verkehrsmitteln . . . . ab 1,50 €
Mietwagen . . . . ab 50 € pro Tag

NOTRUF
Nothilfe – Polizia (Verkehrspolizei)
Tel. 113
Carabinieri Tel. 112
Feuerwehr Tel. 115
Rotes Kreuz Tel. 3883

POST
Die Briefkästen sind rot, Briefmarken (»francobolli«) gibt es im Postamt (z. B. im Corso Venezia 42) sowie in Tabakläden.

RAUCHEN
Seit 2005 ist in Italien Rauchen in öffentlichen Lokalen verboten; Ausnahmen gibt es keine.

Klima (Mittelwerte)	JAN	FEB	MÄR	APR	MAI	JUN	JUL	AUG	SEP	OKT	NOV	DEZ
Tagestemperatur	4	8	13	19	23	28	30	29	25	17	10	5
Nachttemperatur	-1	1	5	9	13	17	20	19	16	11	6	1
Sonnenstunden	2	3	5	6	7	8	9	8	6	4	2	2
Regentage pro Monat	7	5	7	9	10	7	5	5	6	8	8	7

REISEDOKUMENTE

Deutsche, Österreicher und Schweizer benötigen einen gültigen Reisepass oder Personalausweis (Identitätskarte). Kinder brauchen ein eigenes Reisedokument.

REISEZEIT

Mailand liegt im subkontinentalen Klimabereich Europas. Demzufolge sind die Sommer angenehm warm, die Winter mäßig kühl. In Mailand fällt jedoch vergleichsweise viel Regen, die jährliche Niederschlagsmenge beträgt rund 1000 mm – und 340 Tage im Jahr sind diesig, da muss man immer mit Nebel rechnen.

Der kälteste Monat ist der Januar mit Tiefsttemperaturen um -2 °C, aber ab Februar klettern die Höchstwerte bereits wieder auf 8 °C, im April herrschen angenehme 20 °C, aber der August wird mit 30 °C oft richtig stickig. Die besten Reisezeiten sind daher Frühjahr und Herbst.

STADTFÜHRUNGEN

BUSRUNDFAHRT »CITY SIGHTSEEING MILANO«

Mit dem Doppeldeckerbus und einem Audioguide geht es auf drei Strecken mit 40 Haltestellen durch Mailand. Man kann jederzeit ein- und aussteigen. Audiokommentar für Kinder in drei Sprachen.
www.city-sightseeing.com/tours/italy/milan.htm • Ticketkauf an Bord

THEMENTOUREN

Verschiedene Anbieter veranstalten Thementouren durch Mailand: u. a. die »Gran Tour di Milano« (nachmittags auf Deutsch) mit den Highlights, die Leonardo-da-Vinci-Tour (engl.) oder die Scala-Tour (Mi und So 15.30 Uhr auf Deutsch). Ferner sind Radtouren im Angebot. Infos und Buchung in der Touristeninformation oder auf www.zaniviaggi.it/tour/tour-milan/milano_city_tour

STRASSENBAHNTOUR

Mit der historischen Linie 1 fährt man vom Hauptbahnhof über den Dom durchs Zentrum bis zum Castello Sforzesco (ca. 75 Min., 1,50 €).

SEGWAY-TOUREN

Anfänger werden fachmännisch in die Bedienung eingewiesen. Touren zu den Sightseeing-Klassikern oder zum neuen Wolkenkratzerviertel mit Guide oder Audio-Guide.
www.italysegwaytours.com • 3 Std. • max. 8 Teilnehmer • ab 75 €

TELEFON

D, A, CH ▶ Italien 00 39
Italien ▶ D 00 49
Italien ▶ A 00 43
Italien ▶ CH 00 41

VORWAHLEN

In Italien ist die Null der Ortsvorwahl fester Bestandteil der Telefonnummer und wird immer mitgewählt, auch nach der Ländervorwahl.

HANDY

Alle deutschen Netze funktionieren reibungslos in Italien. Wenn man sich länger im Land aufhält, lohnt der Kauf einer italienischen Prepaid-Karte (ohne Vertragsbindung).

TIERE

Hunde und Katzen benötigen zur Einreise einen EU-Heimtierausweis (vom Tierarzt) mit einem Nachweis, dass sie gegen Tollwut geimpft sind. Zudem müssen Vierbeiner mit einem Microchip zu identifizieren sein.

VERGÜNSTIGUNGEN

Der **Milan Pass** erlaubt freie Fahrt mit öffentlichen Verkehrsmitteln und freien Eintritt in viele Museen. www.themilanpass.com • 69 € für 48 Std.

VERKEHR

AUTO

In Mailand herrscht zur Rushhour stets Verkehrschaos. Das Einbahnstraßensystem ist schwer zu durchblicken und Bus- und Taxispuren dürfen von privaten Pkw nicht genutzt werden. In den verkehrsberuhigten Zonen (sog. ZTL, »zone a traffico limitato«) ist das Fahren nur mit Sondergenehmigung gestattet. Der Bußgeldkatalog ist respekteinflößend. Die Promillegrenze liegt bei 0,5 Promille. Für Fahranfänger gilt die 0-Promille-Grenze. Wer mit über 1,5 Promille von der Polizei gestoppt wird, riskiert die sofortige Beschlagnahmung seines Fahrzeugs. Deshalb: Nur wer einen dringenden Grund hat, sollte in Mailand Auto fahren. Parkhäuser und bewachte Parkplätze gibt es in der Innenstadt sowie am Stadtrand mit »Park and Ride« (▸ S. 118).

FAHRRAD

Nach Einbruch der Dunkelheit ist eine Warnweste zu tragen, ebenso im Tunnel. Für Kinder unter 14 Jahren gilt Helmpflicht. Viele Ausleihstationen in der Stadt hat **Bikemi**. Die Räder sind aber nur für Kurzstrecken vorgesehen, spätestens alle zwei Stunden muss das Rad an der nächsten Station wieder abgegeben werden. Registrierung über die Website mit Kreditkarte oder telefonisch. www.bikemi.com • Tel. 8 00 80 81 81 • 2,50 € pro Tag • Mindestalter 16 J.

TAXI

Taxifahren ist ein teures Vergnügen in Mailand. Entweder ein Taxi am Stand nehmen oder einen Anbieter anrufen, z. B. **Radiotaxi**, Tel. 02 69 69, **Blue Taxi**, Tel. 02 40 40, oder **Autoradiotassi**, Tel. 02 85 85.
Folgende Strecken haben fixe Preise: Malpensa–Milano 90 €, Malpensa–Fiera Rho 65 €, Malpensa–Linate 105 €, Linate–Fiera Rho 55 €.

U-BAHN, BUS UND STRASSENBAHN

Der Ortsverkehr wird von der Verkehrsgesellschaft **ATM** mit U-Bahn, Bussen und Straßenbahnen betrieben und funktioniert reibungslos. Tickets sind an ATM-Schaltern, Automaten und Zeitungsständen erhältlich, meist lohnt ein Tagesticket. Sonntags sind die Fahrkarten günstiger, eine vierköpfige Familie reist dann mit nur einem Fahrschein. www.atm-mi.it

WLAN

In vielen Gegenden der Stadt ist WLAN gratis. Jeder kann nach Anmeldung 300 MB am Tag nutzen, danach nur mit verminderter Surfgeschwindigkeit von 192 kB/s.

ZOLL

Deutsche und Österreicher dürfen Waren für den persönlichen Gebrauch abgabenfrei ein- und ausführen. Richtmengen gelten jedoch für Tabak (800 Zigaretten), Alkohol (110 l Bier) und Kaffee (10 kg). Details unter www.zoll.de und www.bmf.gv.at/zoll.
Schweizer dürfen Waren im Wert von 300 SFr abgabenfrei mitnehmen. Tabakwaren und Alkohol bleiben in gewissen Mengen abgabenfrei, siehe www.zoll.ch.

Orts- und Sachregister

Wird ein Begriff mehrfach aufgeführt, verweist die **halbfett** gedruckte Zahl auf die Hauptnennung. Abkürzungen: Hotel [H], Restaurant [R].